Metal 2 ではじめる
3D-CG ゲームプログラミング

はじめに

　本書を読む場合、「第2章」を読むより、先に「第3章→第2章」の順で読んだほうが、簡単に読み進めることができると思います。

　なぜなら、「第3章」は「RoxigaEngine」ライブラリを使ってゲーム開発するので、難しいところはノータッチで済むからです。

　逆に、「第2章」は、「RoxigaEngine」内部の作り方を解説しているので、「Metal 2」の機能の大部分を学習しなければならなず、初心者には難しいです。

＊

　手間を掛けて、入門書の通り1語1語コーディングしていくのもスキルアップの手かもしれませんが、私なら「サンプル・ファイル」をよく見て、入門書を参考に、意味を理解しながら「コピー＆ペースト」していくほうが、ずっと楽で間違いが少ないと思います。

　その後に「改造」して、「ここはこういう仕組みか」と理解すればいいのです。意味は、後から分かってくるものです。

＊

　本書の利点の1つに、初心者が「シェーダ」を学べることがあります。

　「シェーダ」の入門書は古いものが多く、今となっては実装できないこともあります。

　本書は簡単な「シェーダ」からステップアップしていけるので、容易に「シェーダ」を理解できるはずです。

＊

　最近は、「Unity」を使えば「3Dゲーム」も簡単に作れてしまいますが、「Unity」には難しい、「Xcode」での「ページ遷移」や「ネイティブUI」を組み合わせて「3Dコンテンツ」を作る際に、本書を役立ててほしいです。

　また、「3Dツール・アプリ」を作ることこそ、「Metal 2」のプログラミングが学べる最適な方法の1つだと思います。

　たとえば、「ゲームエンジン」自身を作る人は、当然「Metal 2」でプログラミングしますが、「ゲームエンジン」を使ってゲームを作る人は、その必要がありません。これが、スキルが拙い人が増えている原因になっている気がします。

＊

　ぜひ本書で、「3D」の「リアルタイム・レンダリング」の「アルゴリズム」を習得しましょう。

大西　武

Xamarinではじめる
スマホアプリ開発

CONTENTS

はじめに ………………………………………………………… 3

サンプルファイルのダウンロードについて …………………… 6

第1章 　　　　　「Metal 2」の基礎知識

[1-1] 「Metal 2」とは ………………………………………… 8

[1-2] 使用するツール ……………………………………… 13

[1-3] 「3D-CG」の仕組み ………………………………… 17

第2章 　　　　　「RoxigaEngine」の開発

[2-1] 「Metal 2」プロジェクトを作る ……………………… 24

[2-2] 「Metal」でアプリを生成する流れ ………………… 31

[2-3] 三角形の描画 ……………………………………… 41

[2-4] 「エンコーダ」と「シェーダ」 ………………………… 52

[2-5] 「Uniformsバッファ」と「平行移動行列」 ………… 62

[2-6] 「カメラ」と「行列計算」 …………………………… 75

[2-7] 「回転」と「スケーリング」 ………………………… 80

[2-8] 「フラグメント・シェーダ」と「色バッファ」 ……… 90

[2-9] 頂点データに法線を追加 ………………………… 96

[2-10] 「テクスチャ」と「UV座標」「サンプラー」 ………… 102

[2-11] 四角形 ………… 110

[2-12] ボーン変形 ………… 117

[2-13] 画面の操作 ………… 123

第3章　3Dアクションゲームの開発

[3-1] 3Dモデルの追加と表示 ………… 132

[3-2] 「フラグメント・シェーダ」の変更 ………… 138

[3-3] vector配列 ………… 144

[3-4] 「木の道」をスクロール ………… 149

[3-5] 「マルチタッチ」の処理 ………… 154

[3-6] 「花」の表示とスクロール ………… 160

[3-7] 「ゲームオーバー」の実装 ………… 164

附録　ARライブラリ「RoxigaEngine for AR」

[附録A] ARアプリの開発 ………… 171

索引 ………… 175

サンプルファイルのダウンロードについて

本書のサンプルファイルは、サポートページからダウンロードできます。

＜工学社ホームページ＞

http://www.kohgakusha.co.jp/

ダウンロードしたファイルを解凍するには、下記のパスワードが必要です。

w7WDxd2BYFBw

すべて半角で、大文字小文字を間違えないように入力してください。

●各製品名は一般に各社の登録商標または商標ですが、®およびTMは省略しています。

第1章

「Metal 2」の基礎知識

この章では「iOS11」上で動作する「Metal 2」について説明します。
また、「Metal 2」を扱うために必要な「IDE」（統合開発環境）である「Xcode」や、「3D-CGツール」「3D-CGの仕組み」などにについても解説します。

第1章 「Metal 2」の基礎知識

1-1 「Metal 2」とは

　2017年秋に、アップルは「iOS11」「macOS High Sierra」向け
3Dフレームワーク「Metal 2」を公開しました。
　ここではこの「Metal 2」とこれを使った「ARKit」「VRKit」「Core
ML」について解説します。

■ iOS11

　「Metal 2」の説明の前に、まずはそれを動かす元となるソフトの説明を
しましょう。

　「iOS」は、アップルが開発した同社のスマートフォン「iPhone」と、タ
ブレット「iPad」上で動く「OS」(オペレーティング・システム)です。

> ※「OS」とは、アプリなどを動作させるための基本ソフト。アプリごとに共通の
> 「UI」(ユーザー・インターフェイス)をもたせたり、操作体系をもたらすことが
> できます。

　「iOS」は、当初「iPhone」用のみのOSとして、「OS X iPhone」や「iPho
ne OS」という名前で公開されました。
　2010年の「バージョン4.0」から、現在の「iOS」となり、「iPad」と共通の
OSとなりました。

　「iOS10」までは「32bit」「64bit」の「iPhone」「iPad」でも動作対応して
いました。
　しかし「iOS11」からは、「64bit」デバイスに限定しています。
　「64bit」のデバイスは、以下の通りです。

・iPhone5s 以降	・iPad Air 以降
・iPad (第5世代) 以降	・初代iPad Pro 以降
・iPad mini 2 以降	・iPod touch (第6世代) 以降

　これによりアップルは本格的に「iOS」の「64bit化」を計るようです。
　幸いなことに、「Metal」「Metal 2」は「64bit機」でしか動作しません。

[1-1] 「Metal 2」とは

■ macOS High Sierra

「macOS High Sierra」は、「Mac OS X」→「OS X」→「macOS」と名前を変えてきた、「Mac OS」シリーズの第14番目のOSです。

※バージョンナンバーは「10.13」。

*

「iOS」アプリを開発し公開するためには、必ず「macOS」を使わなくてはなりません。

ですので、「Mac」が必須となります。

この後解説する「VRKit」も、「スマホ」や「タブレット」ではなく、「Mac」に「ゴーグル」をつないで動作させます。

※「macOS」は、「Windows」機と違って、「OS」のバージョンアップが無料なので、「Windows7」が未だに主流なのに対し、「Mac」は最新OSのシェアが大きい。

■ Metal 2

「Metal」は、「3D リアルタイム・レンダリング」するためのフレームワークです。

※ちなみに映画のように事前に画像を3D計算して生成しておくことを「プリレンダリング」と言います。

そして、ゲームのように実時間で即座に3D計算して、簡易的に3D画像を生成するのが「リアルタイム・レンダリング」です。

詳細については後述します。

初代「Metal」は、「A7」チップを搭載した「iPhone5s」以降、「iPad Air」以降で動作します。

「A7」は、「iOS8」で初めて搭載された「高速な3D処理」を実現できるチップです。

これは、「GPU」と「CPU」が同期し、メモリを共有することで、ドライバのオーバーヘッド[1]が小さくなり、シェーダ[2]が事前コンパイル[3]&最適化され、前もってステートの結合と評価[4]を実行できるためです。

「Metal」が登場するまでは、オープン・ソースの3DレンダリングAPIである「OpenGL」[5]を使っていましたが、「Metal」の登場で、パフォーマンスが大幅に向上しました。

9

第1章 「Metal 2」の基礎知識

> ※1「オーバーヘッド」は、コンピュータの処理の際に、その処理のために機器やシステムへかかる負荷のこと。
> ※2「シェーダ」については後述します。
> ※3「コンパイル」は、人間に分かるプログラミング言語をコンピュータが分かるマシン語に変換すること。
> ※4「ステートの結合と評価」は、コンピュータ・プログラムの命令文や宣言文を結び付けること。
> ※5「Windows」で言うなら「DirectX12」に当たります。

　そして、本書では「iOS11」から搭載された、その第2弾である「Metal 2」を解説します。

> ※「Metal」は、「OS X El Capitan」以降で動作します。
> 「Metal 2」は、「macOS High Sierra」以降で動作します。

　本書では「iOS11」向けに「Metal 2」と「MetalKit」※をラップした（プログラムの機能をまとめて扱いやすくした）「RoxigaEngine」（ロクシーガ・エンジン）の作り方を解説します。

> ※「MetalKit」は「Metal/Metal 2」を扱いやすくしたフレームワークです。

■ ARKit

　「ARKit」は、「拡張現実」と訳される「AR」（Augmented Reality、オーグメンティッド・リアリティ）を「iOS」で表現するためのフレームワークです。

　「AR」は、カメラで映した映像の中に3Dオブジェクトを描いて、現実の世界にまるで3Dオブジェクトが存在しているかのような表現をします。

　その名の通り、「現実世界」を「拡張」するものです。

　スマホのカメラで見回したら、3Dオブジェクトが本当にそこにあるかのように見えます。

＊

　注意しなければならないのが、「Metal/Metal 2」が64bit機の「iPhone」「iPad」すべてのデバイスに対応しているのに対し、「ARKit」は「A9」チップ以降を搭載した「iPhone6s」以降または「初代iPad Pro」以降でしか動作しません。

＊

　本書では「ARKit」と「Metal 2」と「MetalKit」をラップした「iOS11」向け「RoxigaEngine for AR」の作り方を解説します（**第4章**）。

[1-1] 「Metal 2」とは

> ※もちろん「ARKit」を用いない「AR」ライブラリも存在します。
> 古いデバイスでも動作させたいなら、そちらを使うこともできます。
> ただ、おそらく「Metal/Metal 2」には対応していないでしょう。

■ VRKit

本書では解説しませんが、「macOS High Sierra」上で「VR」(Virtual Reality、バーチャル・リアリティ)を扱うフレームワーク「VRKit」もあります。

「VR」は「AR」と違い、「仮想的な世界」を実現させるための仕組みです。

その方法として、良く「ゴーグル」を被ると、「ゴーグル」の中で、3D映像が立体的に見える方法が採られます。これは、左右の目に、カメラ・アングルを微妙に変えた同じシーンを、左右独立して見せることで実現しています。

*

「VRKit」は「Metal 2」を使って、仮想的な世界に「実写」や「3Dシーン」を表示したりできます。

ただし、本書で解説しなかったのには理由があります。

この「VRKit」を使ったアプリを開発するには、現在の最上位機種である「iMac 27インチ5K」や「iMac Pro」、あるいは外付け「GPU」、そして「ゴーグル」が必要になるため、現段階ではコストがかかり過ぎて、個人に普及するとは思えないからです。

> ※「Mac」や「VRKit」を用いなくても、「Google VR SDK」などの「モバイルVR」
> ライブラリを使えば、安価にスマホを「ゴーグル」に入れるなどして「VR」表現
> できます。
> ただし、クオリティに難があるなどの問題もあります。

■ Core ML

これも本書では解説しませんが、「機械学習」のフレームワーク「Core ML」(Core Machine Learning：コア・マシーン・ラーニング)も、「iOS11」で整備されました。

「Core ML」は、「Metal 2」などの機能を使って「機械学習」をします。

11

第1章 「Metal 2」の基礎知識

　「機械学習」とは、「AI」（人工知能）の一種で、普段人間が行なっている学習能力と同等の機能を、コンピュータを使って実現するものです。

　多くのサンプルデータを基に、プログラムが結果を「予測」したり「判断」したりします。

＊

　「Core ML」には、主に3つの機能があります。

Vision	画像を認識する「機械学習」機能。
Foundation	言葉を認識する「機械学習」機能。
GameplayKit	ゲーム内の環境を計算する「機械学習」機能。

■ Macで「Xcode」を使うのに必要なハードのスペック

　基本的に、「Metal 2」の開発に使う「Xcode9」を動作させる必要条件は、「macOS High Sierra」が動作する環境になります。

　　※Xcodeについては次節で解説しています。

　具体的には、以下のマシンで動作します。

・iMac (Late 2009 以降)

・MacBook (Late 2009 以降)

・MacBook Air (2010 以降)

・MacBook Pro (2010 以降)

・Mac mini (2010 以降)

・Mac Pro (2010 以降)

■ 本書の開発環境

　筆者は、以下の環境で開発しています。

・macOS High Sierra (バージョン 10.13)

・iMac(21.5-inch, Mid 2011)

　　-Intel Core i5 (2.5 GHz)、メモリ 8GB、HDD 512GB

・Xcode (バージョン 9.0 (9A235))

[1-2] 使用するツール

1-2　使用するツール

この節では「Metal 2」を扱うために必要なIDEである「Xcode9」や、「3Dライブラリ」「3D-CGツール」などについて解説します。

■ Xcode

「Metal 2」は図1-2-1の「Xcode9」から、開発が可能になりました。

図1-2-1
Xcode9でプログラミングしている様子

「Xcode」は、「macOS」「iOS」「tvOS」「watchOS」用のアプリなどが開発できます。

「Objective-C」か「Swift」のいずれかのプログラミング言語で開発します。

本書では「iOS」用のアプリを「Objective-C」でプログラミングします。

・「Xcode」の公式サイト

| https://developer.apple.com/jp/xcode/ |

「Xcode」は、最初は「Objective-C」言語だけが存在し、「MacOSX」向けの「ゲーム」や「アプリ」を開発する機能は「Cocoa」と呼ばれていました。

しかしその後、「iOS」向けにも「Objective-C」言語で「ゲーム」や「アプリ」を開発できるようになりました。

初期の「Objective-C」言語は、メモリの操作や開放を自分で管理しなくてはならず、大変面倒なプログラミング技術が要求されていました。

ですがその後、メモリの管理を自動で行なってくれる「ARC」(Automa

第1章 「Metal 2」の基礎知識

tic Reference Counting：オートマティック・リファレンス・カウンティング）が登場し、大変便利になりました。

そして「Objective-C」より簡単なプログラミング言語「Swift」が登場して、アプリ開発がより楽になりました。

■ RoxigaEngine

「RoxigaEngine」は、「Metal 2」「MetalKit」を、筆者が「Xcode」で、「Objective-C」を使ってコーディングしてラップした、「3Dライブラリ」です。

・「RoxigaEngine」の公式サイト

http://engine.roxiga.com/engine.html

「RoxigaEngine」を使えば、「ボーン・アニメーション」する「3Dキャラクター」などを表示させたり、「移動」「回転」「スケーリング」可能なゲームなどのアプリが、「Metal 2」で作れます。

※3Dデータは、「FbxToCShrap」ツールを使って「RoxigaEngine」で扱えるように変換します。
※「RoxigaEngine」は無料の「オープン・ソース」のライブラリです。
※「ボーン・アニメーション」については後述します。

■ RoxigaEngine for AR

「RoxigaEngine for AR」は、「ARKit」「Metal 2」「MetalKit」を、筆者が「Xcode」で、「Objective-C」を使ってコーディングしてラップした「3Dライブラリ」です。

・「RoxigaEngine for AR」の公式ページ

http://engine.roxiga.com/ar.html

「RoxigaEngine for AR」を使えば、「ボーン・アニメーション」する「3Dキャラクター」などを表示する「AR」コンテンツなどが開発できます。

※3Dデータは、「FbxToCShrap」ツールを使って「RoxigaEngine for AR」で扱えるように変換します。
※「RoxigaEngine for AR」は無料の「オープン・ソース」のライブラリです。

14

[1-2] 使用するツール

■ FbxToCSharp

3Dデータ「Autodesk FBX」ファイルを「RoxigaEngine」「RoxigaEngine for AR」で表示できる「mm」「h」ファイルに変換するには、「FbxToCSharp」ツールを使います。

図1-2-2
「FbxToCSharp」で「Autodesk FBX」ファイルを変換

・「FbxToCSharp」の公式ページ

http://engine.roxiga.com/fbxtocsharp.html

「Autodesk FBX」ファイルは、多くの3D-CGツールがサポートしている3Dフォーマットです。

筆者は有料の3D-CGツールである「LightWave」から「Autodesk FBX」ファイルに書き出していますが、無料の3D-CGツール「Blender」でも書き出し可能です。

「FbxToCSharp」で変換できる「Autodesk FBX」ファイルは、必ず1オブジェクトにする必要があります。また、複数のマテリアルで、「テクスチャ」の「有り無し」、「ボーン」の「有り無し」に対応します。

■ LightWave

「LightWave」は、NewTek社が開発し、日本では「ディ・ストーム」が販売している、ハイエンドな「4大3D-CGツール」の1つです。

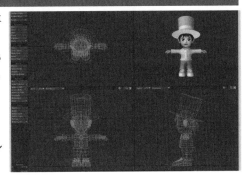

図1-2-3
「LightWave10」で3D-CGをモデリングしている様子

15

第1章 「Metal 2」の基礎知識

・「LightWave」の公式サイト

```
http://www.dstorm.co.jp/dsproducts/lw2015/
```
※「LightWave」は、「Mac」版と「Windows」版が同梱販売されています。

「LightWave」は10万円以上しますが、残りの4大3D-CGツールである「3ds max」「MAYA」「SoftImage」に比べると、かなりコストパフォーマンスが良いほうです。

普通の統合3D-CGツールは、1つのツールで「モデリング」と、「アニメーション」などの「レイアウト」を行ないます。
しかし「LightWave」は、「モデリング」と「レイアウト」が、別々のツールに分かれているところが最大の特徴です。
そのため、それぞれの作業に集中できます。

■ Blender

「Blender」は、無料の「3D-CGツール」の中で、いちばん有名なソフトです。

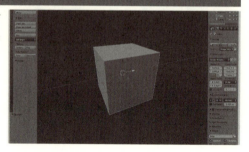

図1-2-4 「Blender2.79」で3D-CGをモデリングしている様子

・「Blender」の公式サイト

```
https://blender.org/
```
※「Blender」には「Mac版」も「Windows版」もあります。

「Blender」は無料ですが、先ほどの「4大3D-CGツール」にも負けないぐらい強力な機能をもっています。

お金をかけずに入門向けに…と言いたいところですが、初心者には操作方法が難しいかもしれません。

1-3 「3D-CG」の仕組み

3D-CGを理解するには、まず「統合3D-CGツール」に使い慣れることです。

この節では、3D-CGの基本「モデリング」「アニメーション」「レンダリング」「シェーダ」について解説します。

■ モデリング

「モデリング」とは、3Dの「ポリゴン」(多角形)を、「追加」「編集」「削除」したりすることで、3Dオブジェクトを作っていく作業のことです。

「ポリゴン」は主に「三角形」で、「頂点」ごとに、(X,Y,Z)の3次元の座標があります。

「モデリング」するためのツールを、「モデラー」と呼びます。

通常、3Dオブジェクトは「ポリゴン」で構成されているので「ポリゴン・モデラー」とも呼びます。

「モデリング」は、「基本図形ツール」で「ボックス」や「球」などを作って変形させたり、頂点をつないで「ポリゴン」を形成していく作業です。

「モデリング」中の描画には、「リアルタイム・レンダリング」が用いられます。作業した結果が即座に分かるためです。

もし「プリレンダリング」だったら、結果を待つだけで時間がかかりすぎてしまいます。

● マテリアル(材質)

また、「ポリゴン」には、「色」や「テクスチャ」を塗ることができる「マテリアル」(材質)があります。

色マテリアル	「赤」「緑」「青」「透明度」「拡散光」「自己照明」「反射光」「反射の強さ」「周囲光」など。
テクスチャ	「ポリゴン」に、画像ファイルの「pngファイル」や「jpgファイル」などをシールのように貼る。

17

第1章　「Metal 2」の基礎知識

※「テクスチャ」には、「ポリゴン」の頂点を画像のどこに貼り付けるかを示す「UV座標」という2次元の座標があります。

「テクスチャ」や「色」の「マテリアル」は、面単位で指定するより、同じ「マテリアル」ごとにまとめて描画したほうが処理を高速化できます。

※さらに「1モデル」を「1マテリアル」「1テクスチャ」だけで作れば、処理はさらに高速になります。

■ アニメーション

「モデラー」で「モデリング」した「3Dキャラクター」などは、「3Dシーン」に配置して「平行移動」「回転」「スケーリング」「モーフィング」など、「アニメーション」させることができます。

＊

「3Dキャラクター」の代表的な「アニメーション」方法として、「リジッドボディ・アニメーション」と「ボーン・アニメーション」があります。

● リジッドボディ・アニメーション

ロボットのように、3Dオブジェクトを「頭」「体」「腕」「足」などのパーツに分けて、パーツごとに「アニメーション」させる手法です。

● ボーン・アニメーション

「3Dキャラクター」などに「ボーン」(骨)を埋め込んで、3Dオブジェクトが皮膚のようにつながった状態で、人間が歩いたりするような「アニメーション」をさせる手法です。

「ボーン・アニメーション」は、「ボーン」を配置して「ボーン」の影響範囲を「セットアップ」する作業は大変ですが、「ボーン」を使えば、動物などの表現がよりリアルになるので、好んで使われます。

■ キーフレーム・アニメーション

ほとんどの統合「3D-CGツール」では、「キーフレーム・アニメーション」を採用しています。

「キーフレーム・アニメーション」とは、基点となる「フレーム」(キー

[1-3]「3D-CG」の仕組み

フレームを複数作り、そのキーフレーム間を補間するアニメーション手法です。

　最近のアニメーション・ソフトでは、「1フレーム」ずつポーズを編集するのではなく、基点となる複数の「キーフレーム」のところだけポーズを編集したら、「キーフレーム」から「キーフレーム」の間が自動で補間されます。
　たとえば「0フレーム」目に「直立しているポーズ」を取らせ、「30フレーム」目を「頭を下げたポーズ」にするとします。
　そのフレームを「キーフレーム」にしてアニメーションを再生すると、徐々にお辞儀をするアニメーションになります。

　「補間」する方法には、一定の速度で補間する「線形補間」と、滑らかに補完する「曲線補間」があります。
　場合によって使い分けますが、「曲線補間」のほうが好まれて使われます。

■ レンダリング

　「3次元」のデータを「2次元」に変換して「CG」を描画することを「レンダリング」と言います。
　「モデリング」した3Dデータを「アニメーション」させるときも、1コマずつ「レンダリング」しています。

＊

　「レンダリング」には大きく分けて「プリレンダリング」と「リアルタイム・レンダリング」があります。

● プリレンダリング

　「前もって時間をかけて、3Dデータや設定を元に詳細に3D計算するレンダリング手法」のことです。
　1コマ作る際に、ディテールを描き込む場合に使います。

　「プリレンダリング」は主に「映画」や「アニメ」などに使われます。最初からシーンの絵が変更されることなく、決まっているためです。
　「プリレンダリング」は、「3D-CGツール」ごとに「独自の3D計算方法」

19

第1章 「Metal 2」の基礎知識

で行なっています。

● リアルタイム・レンダリング

「最低限の3Dデータや設定を元に、短時間で3D計算するレンダリング手法」のことです。

1/30秒や1/60秒ごとに1回ずつ高速に描画しなければいけないので、簡易的な「レンダリング」しかできません。

「リアルタイム・レンダリング」は主に「3Dゲーム」で使われることが多いです。

操作次第で、「カメラアングル」や「3Dキャラクター」の動きが毎回異なるためです。

*

「リアルタイム・レンダリング」は、「Metal/Metal 2」や「OpenGL」や「DirectX」といったフレームワークが用意されており、「グラフィック・ボード」の「GPU」による高速な「ハードウェアレンダリング」で処理します。

> ※「リアルタイム・レンダリング」は、簡易的な「レンダリング」ですが、凸凹を表現する「ノーマルマッピング」など、さまざまなテクスチャ画像を用いることで、きれいに「レンダリング」することも可能です。

■「レンダリング」の3D計算

「レンダリング」の具体的な3D計算の方法は、「ポリゴン」を構成する「ベクトル」で表わされる頂点に、4行4列の「行列」の「モデル・ビュー行列」と「プロジェクション行列」を掛けます。

すると、ポリゴンの「3Dデータ」が「2次元」の画面に描画されます。

この3D計算は、「Shader」(シェーダ)を使って行なわれます。

頂点座標を計算する「頂点シェーダ」とポリゴン面の色を計算する「フラグメント・シェーダ」があります。

● モデル・ビュー行列

「モデル・ビュー行列」には、以下の2つがあります。

20

[1-3]「3D-CG」の仕組み

①モデル行列

右図のように、モデルを変形するための行列。

主に「平行移動」「回転」「スケーリング」があります。

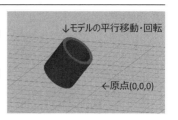

図1-3-1「モデル行列」

②ビュー行列

右図のように、「カメラの視点」から「注視点の方向」にカメラを向ける行列。

実際にはカメラではなく、モデルのほうを動かして、カメラが向いているように見せています。

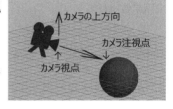

図1-3-2「ビュー行列」

● プロジェクション行列

また、「プロジェクション行列」には、以下の2つがあります。

①透視射影行列

右図のように、(a)カメラから見える視野範囲である「視野角」、(b)縦横比の「アスペクト比」、(c)手前の見える範囲「ニアクリッピング」、(d)奥の見える範囲「ファークリッピング」の情報から変換。

遠くにいくほど小さく見えます。

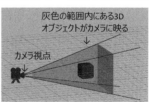

図1-3-3「透視射影行列」

②正射影行列

右図のように、(a)視野の幅・高さ、(b)手前の見える範囲「ニアクリッピング」、(c)奥の見える範囲「ファークリッピング」の情報から変換。

「透視射影行列」とは違って、遠くに行っても、大きさが変わらずに見えます。

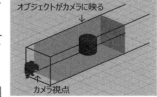

図1-3-4「正射影行列」

第1章　「Metal 2」の基礎知識

● 座標系
「座標系」には「右手座標系」と「左手座標系」があります。

---

①右手座標系
左右の右に「+X座標」、上下の上に「+Y座標」、手前に「+Z座標」、奥に「-Z座標」。

②左手座標系
左右の右に「+X座標」、上下の上に「+Y座標」、手前に「-Z座標」、奥に「+Z座標」。

「Metal/Metal 2」は「左手座標系」です。

■「レンダリング」の「シェーダ」

「シェーダ」(shader)とは、「3D-CG」において「三角形ポリゴン」の「頂点の座標」や「マテリアル」(「色」や「テクスチャ」)を元に、「シェーディング」(陰影処理)描画を行なうプログラムです。

> ※「shade」(シェード)とは「陰影・グラデーションを付ける」を意味し、「shader」は「頂点色」や「ピクセル色」などを次々に変化させるプログラムのこと。

「Metal/Metal 2」では、「.metal」拡張子のファイルが「シェーダ」をコーディングしたファイルになります。

「シェーダ」は、「モデリング」や「レイアウト」とは違い、「レンダラー」の一種で、「描画方法に特化したプログラム」をコーディングします。

「頂点シェーダ」は「頂点の座標計算」に使われ、「フラグメント・シェーダ」は「ピクセルの色を計算」するのに使われます。

> ※筆者が今まで使ってみた感じだと、特に「ボーン・アニメーション」を、「頂点シェーダ」でコーディングするのと、普通にコーディングするのとでは、「シェーダ」のほうが、ポリゴン数が1桁多くても、高速に処理できると感じています。

第2章

ロクシーガエンジン
「RoxigaEngine」の開発

この章では、3Dライブラリ「Roxiga Engine」を開発していきます。
これは「Metal 2」で「静止オブジェクト」や「ボーン・アニメーション」するキャラクターを表示できるようにするものです。

第2章 「RoxigaEngine」の開発

2-1 「Metal 2」プロジェクトを作る

この節では、まず「Metal 2」プロジェクトを作ります。
そして「MetalKit」の「ビュー」を宣言します。

■ 「MetalKit」の「ビュー」

「MetalKit」は、ずっと少ないコードで、より早くより簡単に「Metal」アプリを構築するための「フレームワーク」です。

標準的な「Metal」のビュー内で、グラフィックスを「レンダリング」します。また、多くのソースからテクスチャを読み込むことができ、「Model I/O」によって供給されたモデルを能率的に取り扱うこともできます。

ただし、この「RoxigaEngine」では、「Model I/O」は使わずに、独自にモデルを読み込んでアニメーションさせています。

また、グラフィカルな「Metalアプリ」を作るために、「MetalKit」クラスと「MTKViewDelegate」で、「描画デリゲート」※を使用した特別な「ビュー」(画面表示)を使っています。

> ※「デリゲート」は、あるクラスが処理すべきイベントなどを他のクラスに委ねる仕組み。

■ プロジェクトの作成

まずは「プロジェクト」を作成します。

《手順》プロジェクトの作成

[1] 「Xcode9」を起動。

[2] 「File」→「New」→「Project」メニューを選ぶ。

[3] 「iOS」→「Game」を選び「Next」をクリック。

[4] 「Product Name」に「RoxigaEngine」と入力し、「Language」に「Objectve-C」、「Game Technology」に「Metal」を選び「Next」をクリック。

24

[2-1] 「Metal 2」プロジェクトを作る

[5] 「RoxigaEngine01」などフォルダを作成して選び「Create」をクリック。

　プロジェクトを作成したら、こんどは「Metal」のクラスを扱えるように「Frmawork」を追加します。

《手順》「Framework」の追加

[1] 「Xcode9」の左の「Project Navigator」のいちばん上の「RoxigaEngine」をクリック。

[2] 「TARGETS」→「RoxigaEngine」→「Linked Frameworks and Libraries」の「+」をクリック。

[3] 「Search」に「Metal」と入力し、「Metal.framework」を選び、「Add」をクリック。

[4] 「+」をクリックし「Search」に「Metal」と入力し、「MetalKit.framework」を選び、「Add」をクリック。

　「Framework」を追加したら、「画面の向き」を決定します。

《手順》画面向きを設定

[1] 「Xcode9」の左の「Project Navigator」のいちばん上の「RoxigaEngine」をクリック。

[2] 「TARGETS」→「RoxigaEngine」→「Deployment Info」→「Device Orientation」で「Portrait」だけチェックし、他はチェックを外す。

　また、フルスクリーンで表示されるように設定します。

《手順》フルスクリーンを設定

[1] 「Xcode9」の左の「Project Navigator」のいちばん上の「RoxigaEngine」をクリック。

[2] 「TARGETS」→「RoxigaEngine」→「Deployment Info」→「Requires full screen」をチェック。

25

第2章 「RoxigaEngine」の開発

■「GameViewController.mm」のコーディング

では、さっそくコーディングしていきましょう。

　まず、UI（ユーザーインターフェイス）を設定するファイル「GameV iewController.m」を「GameViewController.mm」に名前を変更します。「mm」に変更することで、「C++」の機能を使えるようになります。

＊

　「GameViewController.mm」ファイルを開くと、以下のようにコーディングされているはずです。

　開いてみると、UIを記述した「Main.storyboard」※の「GameViewCont roller」をプログラムから制御するために、「GameViewController.mm」とつながっているのが分かります。

> ※「Main.storyboard」は「UI」を IDE（Xcode）の機能である「InterfaceBuilder」を使ってデザインしたファイル。

リスト 2-1-1　GameViewController.mm

```
#import "GameViewController.h"  ①
#import "Renderer.h"  ②

@implementation GameViewController  ③
{
 MTKView *_view;  ④
 Renderer *_renderer;  ⑤
}

- (void)viewDidLoad  ⑥
{
 [super viewDidLoad];  ⑦
 _view = (MTKView *)self.view;  ⑧
 _view.device = MTLCreateSystemDefaultDevice();  ⑨
 if(!_view.device)  ⑩
 {
  NSLog(@"Metal is not supported on this device");  ⑪
  self.view = [[UIView alloc] initWithFrame:self.view.frame];  ⑫
  return;  ⑬
```

26

[2-1] 「Metal 2」プロジェクトを作る

```
  }
  _renderer = [[Renderer alloc] initWithMetalKitView:_view];  ⑭
  [_renderer mtkView:_view drawableSizeWillChange:_view.bounds.
size];  ⑮
  _view.delegate = _renderer;  ⑯
}

@end  ⑰
```

● 使用する「クラス」「メソッド」「プロパティ」の解説

クラス名	説　明
GameViewController	GameViewControllerUI を記述した「Main.storyboard」をプログラムから制御するクラス。
Renderer	Metal のレンダリング部分を記述したクラス。
MTKView	「Main.storyboard」の「UI ビュー」を「MetalKit」の「ビュー」で操作するクラス。
UIView	「Main.storyboard」の「UI ビュー」。

メソッド名	説　明
viewDidLoad	ビューが読み込まれたときに最初に呼ばれるメソッド。
MTLCreateSystemDefaultDevice	デフォルトの Metal デバイス・システムを作成。
initWithMetalKitView	MetalKit のビューを「初期化」するメソッド。
mtlView	「Renderer クラス」で「MTL のビュー」をセットするメソッド。

プロパティ名	説　明
_view	「MetalKit」の「ビュー」を保持するプロパティ。
_renderer	「Renderer」クラスのインスタンス・プロパティ。
device	「Metal」を使うデバイスを保持するプロパティ。
self	自分のクラス自身を指すプロパティ。Java でいう「this」に当たる。
_view.delegate	「ビュー」の「デリゲート」で「Renderer」の処理を委ねるプロパティ。

● 「関数」の解説

関数名	説　明
NSLog	バグを見つけるために文字列をログに出力する関数。

第2章 「RoxigaEngine」の開発

● 用語解説

・ヘッダ・ファイル…「プロパティ名」や「メソッド名」だけを宣言した「クラス」を記述したファイル。
・インプリメンテーション・セクション…「クラスの定義」を記述する範囲。
・クラス・エクステンション…クラスの拡張。
・ヌル…何もない値のこと。
・インスタンス…日本語では「実体」と訳す。何らかのクラスから生成されてプロパティになるもの。

● プログラム解説

①	「GameViewController」クラスを宣言した「ヘッダ・ファイル」をインポート。
②	「Renderer」クラスを宣言した「ヘッダ・ファイル」をインポート。
③	「インプリメンテーション・セクション」(③〜⑰)で、「ヘッダ・ファイル」と「クラス・エクステンション」で宣言した「プロパティ」を初期化したり、「メソッド」を定義したりする。
④	「MTKView」(MetalKit ビュー)クラスの「_view」プロパティを宣言。
⑤	「Renderer」クラスの「_renderer」プロパティを宣言。
⑥	「ViewController」が管理する画面を読み込んだときに、「viewDidLoad」メソッドを実行する。
⑦	親クラスの「viewDidLoad」メソッドを呼び出す。
⑧	「_view」プロパティに、「Main.storyboad」ファイルに記載された「GameViewController」の「View」をセット。
⑨	「MTKView」クラスの「device」プロパティに、「MTLCreateSystemDefaultDevice」メソッドから、「iOS端末の条件にあったシステム」における「デフォルト」の「Metalデバイス」の参照値を返す。
⑩	「_view.device」プロパティが「ヌル」の場合。
⑪	「NSLog」関数で、ログに「Metalがこのデバイスでサポートされていない」と出力。

[2-1] 「Metal 2」プロジェクトを作る

⑫	「self」プロパティの「view」プロパティに、初期化した「UIView」クラスを代入。
⑬	「viewDidLoad」メソッドから抜け出す。
⑭	「_renderer」プロパティに、「Renderer」クラスの「_view」プロパティを、「initWithMetalKitView」メソッドに渡して初期化したものを代入。
⑮	「_renderer」プロパティの「mtlView」メソッドに、「_view」プロパティとビューのサイズを渡す。
⑯	「Renderer」クラスが処理すべきイベントなどを他のクラスに委託するために、「_view.delegate」プロパティに「_renderer」プロパティを代入。
⑰	③〜⑰のインプリメンテーション・セクションの終わり。

■「Renderer.mm」のコーディング

　次に、「Metal」のレンダリングを担当する「Renderer.m」を「Renderer.mm」に名前を変更してファイルを開き、以下のようにコーディングしてください。

　ここは、まだ骨組みだけです。

リスト 2-1-2　Renderer.mm

```
#import "Renderer.h"  ⑱

@implementation Renderer  ⑲
{
}

-(nonnull instancetype)initWithMetalKitView:(nonnull MTKView *)
view;  ⑳
{
 self = [super init];  ㉑
 if(self)  ㉒
 {
 }
 return self;  ㉓
}

- (void)loadMetalWithView:(nonnull MTKView *)view;  ㉔
```

29

第2章 「RoxigaEngine」の開発

⤵

```
{
}

- (void)drawInMTKView:(nonnull MTKView *)view  ㉕
{
}

- (void)mtkView:(nonnull MTKView *)view drawableSizeWillChange:(CG
Size)size  ㉖
{
}

@end  ㉗
```

● 使用する「クラス」と「メソッド」「プロパティ」の解説
（新たに出てくるもののみ）

メソッド名	説　明
init	基本的な初期化を行なうメソッド。

● プログラム解説

⑱	「Renderer」クラスの宣言をしている「ヘッダ・ファイル」をインポート。
⑲	インプリメンテーション・セクション（⑲～㉗）で、「ヘッダ・ファイル」と「クラス・エクステンション」で宣言した「プロパティ」を初期化したり、「メソッド」を定義したりする。
⑳	「MTKView」（MetalKit ビュー）の初期化メソッド。
㉑	親クラスである「init」メソッドを呼び出して、自分自身を表わす「self」プロパティに代入。
㉒	「self」プロパティが「ヌル」でなかった場合。
㉓	「self」プロパティを返す。
㉔	ビューをもった「Metal」を読み込むメソッド。
㉕	「MTKView」（MetalKit ビュー）内で描画するメソッド。
㉖	「MTKView」（MetalKit ビュー）の画面サイズをセットするメソッド。
㉗	⑱～㉗のインプリメンテーション・セクションの終わり。

[2-2]「Metal」でアプリを生成する流れ

■ 実行結果

では「Xcode9」の左上で、Macに接続した実機を選択し、「▶」ボタンで「ビルドと実行」をしてください。

すると右図のように真っ黒な画面が表示されるだけです。

図 2-1-1　真っ黒な画面が表示されただけ

この節のまとめ

・プロジェクトを新規に作成。
・「Metal」を簡単に扱うための「MetalKit」のビューをセット。
・「Metal」のレンダリングを担当する「Renderer」クラスの骨組みだけを準備。

2-2　「Metal」でアプリを生成する流れ

この節では、「Metal」でアプリを生成する流れについて解説します。
また、「頂点シェーダ」と「フラグメント・シェーダ」とは何かということと、「セマフォ」についても解説します。

■「頂点シェーダ」「フラグメント・シェーダ」

「シェーダ」は、「.metal」ファイルに記述された、「頂点座標」と「色」の指定だけを担当するプログラムです。

「頂点シェーダ」が「頂点座標」を担当し、「フラグメント・シェーダ」がテクスチャやマテリアルの「色」を担当します。

第2章 「RoxigaEngine」の開発

それらに特化しているため、頂点を「ボーン・アニメーション」させたり、「ラジオシティ」のような高度な色を出したりが高速にできます。

> ※「ラジオシティ」とは、一般にライトを使って陰影をつけるレンダリング手法に対し、ライトに加えてオブジェクトが発する光でも陰影をつけるレンダリング手法。

*

「MTLLibrary」クラスの「newFunctionWithName」メソッドを使うことで、「.metal」ファイル内の「頂点シェーダ」の関数も「フラグメント・シェーダ」の関数も指定できます。

また、「MTLRenderCommandEncoder」クラスを使って、「シェーダ」にデータを渡すことができます。

■「Metal」生成の流れ

「Metal」でアプリを生成する流れは、以下の通りです。

---

[1]「Metal」のビュー「MTKView」を生成。

[2]「Metal」のデバイス「MTLDevice」を生成。

[3] 頂点バッファ「Vertex Buffer」を生成。

[4] 頂点シェーダ「Vertex Shader」を生成。

[5]「フラグメント・シェーダ」「Fragment Shader」を生成。

[6] レンダリングパイプライン「Render Pipeline」を生成。

[7] コマンドキュー「Command Queue」を生成。

[8] 命令バッファ「Command Buffer」を生成。

[9] レンダリング・パス記述「Render Pass Descriptor」を生成。

[10] レンダリング命令エンコーダ「Render Command Encoder」を生成。

> ※この節では、「頂点バッファ」で頂点のデータを指定するところまではしていません。

[2-2] 「Metal」でアプリを生成する流れ

■ セマフォ

「セマフォ」とは、「排他的に制御する仕組み」です。

同時に使える「セクション」の数が決まっているものが、「あと何個のセクションが使えるか」ということを表わした「数」のことです。

> ※「排他的に制御する」とは「いずれかのセクションが使っている時は、他のセクションは使っては駄目」という意味です。

「dispatch_semaphore_wait()」〜「dispatch_semaphore_signal()」の間に「セマフォ」の処理を記述します。

■ 「Renderer.mm」のコーディング

「Metal」の初期化や設定をするために、先ほどの「Renderer.mm」ファイルを開き、以下のようにコードを追加してください。

リスト 2-2-1　Renderer.mm

```
#import <simd/simd.h>  ①
#import "Renderer.h"

static const NSUInteger kMaxBuffersInFlight = 3;  ②

@implementation Renderer
{
 dispatch_semaphore_t _inFlightSemaphore;  ③
 id <MTLDevice> _device;  ④
 id <MTLCommandQueue> _commandQueue;  ⑤
 id <MTLRenderPipelineState> _pipelineState;  ⑥
}

-(nonnull instancetype)initWithMetalKitView:(nonnull MTKView *)view;
{
 self = [super init];
 if(self)
 {
  _device = view.device;  ⑦
  _inFlightSemaphore = dispatch_semaphore_create(kMaxBuffersInFlight);  ⑧
  [self loadMetalWithView:view];  ⑨
 }
```

33

第2章 「RoxigaEngine」の開発

```objc
  return self;
}


- (void)loadMetalWithView:(nonnull MTKView *)view;
{
 view.depthStencilPixelFormat = MTLPixelFormatDepth32Float_Stenc
il8;  ⑩
 view.colorPixelFormat = MTLPixelFormatBGRA8Unorm_sRGB;  ⑪
 view.sampleCount = 1;  ⑫
 id<MTLLibrary> defaultLibrary = [_device newDefaultLibrary];  ⑬
 id <MTLFunction> vertexFunction = [defaultLibrary newFunctionWithN
ame:@"vertexShader"];  ⑭
 id <MTLFunction> fragmentFunction = [defaultLibrary newFunctionWit
hName:@"fragmentShader"];  ⑮
 MTLRenderPipelineDescriptor *pipelineStateDescriptor = [[MTLRender
PipelineDescriptor alloc] init];  ⑯
 pipelineStateDescriptor.label = @"MyPipeline";  ⑰
 pipelineStateDescriptor.sampleCount = view.sampleCount;  ⑱
 pipelineStateDescriptor.vertexFunction = vertexFunction;  ⑲
 pipelineStateDescriptor.fragmentFunction = fragmentFunction;  ⑳
 pipelineStateDescriptor.colorAttachments[0].pixelFormat = view.col
orPixelFormat;  ㉑
 NSError *error = NULL;  ㉒
 _pipelineState = [_device newRenderPipelineStateWithDescriptor:pip
elineStateDescriptor error:&error];  ㉓
 if (!_pipelineState)  ㉔
 {
  NSLog(@"Failed to created pipeline state, error %@", error);  ㉕
 }
 _commandQueue = [_device newCommandQueue];  ㉖
}


- (void)drawInMTKView:(nonnull MTKView *)view
{
 dispatch_semaphore_wait(_inFlightSemaphore, DISPATCH_TIME_FOREVER);  ㉗
 id <MTLCommandBuffer> commandBuffer = [_commandQueue commandBuffer];  ㉘
 commandBuffer.label = @"MyCommand";  ㉙
 __block dispatch_semaphore_t block_sema = _inFlightSemaphore;  ㉚
 [commandBuffer addCompletedHandler:^(id<MTLCommandBuffer> buffer){
dispatch_semaphore_signal(block_sema);}];  ㉛
 MTLRenderPassDescriptor* renderPassDescriptor = view.currentRender
PassDescriptor;  ㉜
 if(renderPassDescriptor != nil)  ㉝
```

[2-2] 「Metal」でアプリを生成する流れ

```
{
  MTLRenderPassColorAttachmentDescriptor *colorAttachment = renderP
assDescriptor.colorAttachments[0];  ㉞
  colorAttachment.clearColor = MTLClearColorMake(0,1,0,1);  ㉟
  id <MTLRenderCommandEncoder> renderEncoder = [commandBuffer rende
rCommandEncoderWithDescriptor:renderPassDescriptor];  ㊱
  [renderEncoder endEncoding];  ㊲
  [commandBuffer presentDrawable:view.currentDrawable];  ㊳
}
[commandBuffer commit];  ㊴
}
```

● 使用する「クラス」と「メソッド」「プロパティ」の解説

クラス名	説　明
MTLDevice	「Metal」デバイスのクラス。
MTLCommandQueue	「命令バッファ」を順番にGPUで実行するクラス。
MTLRenderPipelineState	「レンダリングの命令処理」が、「読み込み」「解釈」「実行」「結果」の書き込みなど、複数の段階からなるサイクルで構成されているクラス。
MTLRenderPipelineDescriptor	新たな「MTLRenderPipelineState」を構成したクラス。

メソッド名	説　明
loadMetalWithView	「ビュー」をもった「Metal」の読み込みメソッド。
sampleCount	現在のフレームで描画するテクスチャサンプルの数を設定するメソッド。
addCompletedHandler	命令バッファの実行が完了した後、すぐに呼ばれるコードを登録するメソッド。

プロパティ名	説　明
_commandQueue	「命令の順番」を保持するプロパティ。
_pipelineState	「レンダリングの命令処理」が、「読み込み」「解釈」「実行」「結果」の書き込みなど、複数の段階からなるサイクルの状態。

● 使用する「関数」と「変数」の解説

関数名	説　明
vertexShader	「頂点シェーダ」の関数。
fragmentShader	「フラグメント・シェーダ」の関数。

第2章 「RoxigaEngine」の開発

変数名	説　明
defaultLibrary	「Metal」ライブラリのデフォルトライブラリを表わす変数。
vertexFunction	頂点シェーダの関数を指す変数。
fragmentFunction	「フラグメント・シェーダ」の関数を指す変数。
pipelineStateDescriptor	新たな「MTLRenderPipelineState」を構成したクラスのインスタンス変数。
commandBuffer	「命令バッファ」の変数。
block_sema	セマフォのコピーを入れた変数。
_inFlightSemaphore	セマフォを生成したものを入れた変数。
renderPassDescriptor	レンダリングでピクセルを出力するターゲットとなるグループの変数。
view.currentRenderPassDescripto	「ビュー」の現在の「MTLRenderPassDescriptor」クラスの変数。
colorAttachment	色を貼り付けた変数。

● 用語解説

・パイプライン・ステート…「読み込み」「解釈」「実行」「結果の書き込み」など、複数の段階からなるサイクルで構成されるレンダリングの命令処理。

● プログラムの解説

①	「simd」クラスを宣言した「ヘッダ・ファイル」をインポート。
②	スレッドを3つまで同時にアクセスすることを許容する数値。
③	「セマフォ」を使って、複数スレッドから同時アクセスをブロックする。
④	「MTLDevice」クラスの「_device」プロパティを宣言。
⑤	「MTLCommandQueue」クラスの「_commandQueue」プロパティを宣言。
⑥	「MTLRenderPipelineState」クラスの「_pipelineState」プロパティを宣言。
⑦	「_device」プロパティに「MTKView」の「device」プロパティを代入。
⑧	「セマフォ」を初期化し、同時アクセスを3つまで許容することを指定。
⑨	「loadMetalWithView」メソッドを呼び出す。
⑩	「デプス」※のピクセル・フォーマットを「32ビット」、「ステンシル」※のピクセル・フォーマットを「8ビット」に。
⑪	「色」のピクセル・フォーマットを「青8ビット」「緑8ビット」「赤8ビット」「アルファ8ビット」に。

36

[2-2]「Metal」でアプリを生成する流れ

⑫	「sampleCount」に1を代入。
⑬	アプリにおける「デフォルトのMetalライブラリに備えられた機能」を含む「新たなライブラリ」を作成して、「defaultLibrary」変数に代入。
⑭	「頂点シェーダ」を「vertexShader」という関数名で宣言し、「vertexFunction」変数に代入。
⑮	「フラグメント・シェーダ」を「fragmentShader」という関数名で宣言し、「fragmentFunction」変数に代入。
⑯	「MTLRenderPipelineDescriptor」クラスのインスタンス「pipelineStateDescriptor」変数を生成。
⑰	「MTLRenderPipelineDescriptor」クラスのラベルプロパティに「MyPipeline」を代入。
⑱	「MTLRenderPipelineDescriptor」クラスのサンプル数に「view.sampleCount」を代入。
⑲	「MTLRenderPipelineDescriptor」クラスの頂点シェーダ関数に「vertexFunction」を代入。
⑳	「MTLRenderPipelineDescriptor」クラスの「フラグメント・シェーダ」関数に「fragmentFunction」を代入。
㉑	「MTLRenderPipelineDescriptor」クラスの色ピクセル・フォーマットに「view.colorPixelFormat」を代入。
㉒	エラー情報の「NSError」クラスにおける「error」変数を宣言。
㉓	「newRenderPipelineStateWithDescriptor」で、「レンダリング・パイプライン・オブジェクト」を同期して作成し、「_pipelineState」プロパティに返す。
㉔	「_pipelineState」プロパティが「ヌル」だった場合。
㉕	「パイプライン・ステート作成に失敗したエラー」という文字列をログに出力。
㉖	連番の命令列を作成して「_commandQueue」プロパティに返す。
㉗	「セマフォ」が使われている間、ここで待つ。㉗〜㉛の「displatch_semaphore_signal()」までの間に、割り込まれたくない処理を記述。

第2章 「RoxigaEngine」の開発

㉘	命令バッファを作成して「commandBuffer」変数に代入。
㉙	「commandBuffer」変数のラベル名に「MyCommand」を代入。
㉚	セマフォの「block_sema」変数に「_inFlightSemaphore」変数を代入。
㉛	「addCompletedHandler」で、「デバイス」が「命令バッファ」の実行を完了した後すぐに呼ばれる「コードのブロック」を登録。
㉜	「MTLRenderPassDescriptor」クラスの「renderPassDescriptor」変数に「view.currentRenderPassDescriptor」プロパティを代入。
㉝	「renderPassDescriptor」が「ヌル」でなかった場合。
㉞	「colorAttachment」変数に「renderPassDescriptor.colorAttachments[0]」を代入。
㉟	背景色を緑色(R,G,B,A)=(0,1,0,1)に。
㊱	「グラフィックス・レンダリング命令」をこの命令バッファにエンコードできる「エンコーダ・オブジェクト」を作成。
㊲	エンコーダから出来たすべての命令を終了することを宣言。
㊳	できるだけ早く描画が起こる提示を登録。
㊴	できるだけ早く命令バッファが実行されるように委ねる。

※「デプス」と「ステンシル」については後述します。

■「Shaders.metal」のコーディング

「シェーダ・ファイル」である「Shaders.metal」ファイルを開き、以下のようにコーディングして追加してください。

このファイルは、今回は何も行ないません。

リスト 2-2-2　Shaders.metal

```
#include <metal_stdlib>   ㊵
#include <simd/simd.h>   ㊶

using namespace metal;   ㊷

struct ColorInOut   ㊸
{
```

[2-2]「Metal」でアプリを生成する流れ

```
 float4 position [[position]];  ㊹
};

vertex ColorInOut vertexShader()  ㊺
{
 ColorInOut out;  ㊻
 return out;  ㊼
}

fragment float4 fragmentShader(ColorInOut in [[stage_in]])  ㊽
{
 return float4(1,0.5,0,1);  ㊾
}
```

●「変数」の解説

変数名	説　明
out	ColorInOut構造体で宣言したout変数（フラグメントシェーダに渡す値）。

● 用語解説

・名前空間…Namespace を訳したもので、名前を分けることで同名のクラスの衝突を避ける概念。
・構造体…1 つまたは複数の値をまとめて格納できる型。
・データ型…整数 (int) や小数 (float) などといったデータの種類。

● プログラム解説

㊵	「Metal」のシェーダ用のクラスを宣言した「metal_stdlib」ヘッダ・ファイルを読み込む。
㊶	「ベクトル」「行列」のクラスを宣言した「simd」ヘッダ・ファイルを読み込む。
㊷	名前空間「metal」を使えるようにする。
㊸	「頂点シェーダ」から「フラグメント・シェーダ」に渡す値を入れた構造体「ColorInOut」を宣言。
㊹	データ型「float」が、4つの「float4」型の位置座標「position」変数を宣言。
㊺	⑭で指定した頂点シェーダ関数。

39

第2章 「RoxigaEngine」の開発

㊻	「ColorInOut」構造体の「out」変数を宣言。
㊼	「out」変数を返す。まだ何もデータはない。
㊽	⑮で指定した「フラグメント・シェーダ」関数。
㊾	オレンジ色(R,G,B,A)=(1,0.5,0,1)を返す。まだポリゴンがないので使われない。

■ 実行結果

では「Xcode9」の左上でMacに接続した実機を選択し、「▶」ボタンで「ビルドと実行」をしてください。

すると右図のように3Dの背景色である緑色の画面が表示されます。

図 2-2-1　緑色の画面が表示された

この節のまとめ

・「デプス・ステンシル」「色」のピクセル・フォーマット、「頂点シェーダ」と「フラグメント・シェーダ」を用意し「パイプライン・ステート」にセット。

・「頂点シェーダ」と「フラグメント・シェーダ」と「renderEncoder」をつなぐ実装。

・まだシェーダには何もデータを渡していないので、背景色が緑色になっただけ。

[2-3] 三角形の描画

2-3　　　三角形の描画

　この節では、背景色を変更できるようにプロパティを用意し、三角形を
1個描画します。
　また「デプス」と「ステンシル」についても解説します。

■「デプス」と「ステンシル」

● Depth
　「Depth」(デプス)とは、「Zバッファ」で重なるピクセルのうち、どちら
が手前にあるか調べて描画する機能です。

> ※「Zバッファ」とは、重なるオブジェクトの前後関係をピクセルごとに調べる
> 機能。

　これを使えば、「Zソート」では「ポリゴンごと」の前後を調べていまし
たが、ポリゴンの「1ピクセルごと」の前後を調べることができます。
　それにより、正確な重なりが描画できます。

> ※「Zソート」とは、重なるオブジェクトの前後関係をポリゴンごとに調べる機能。

● Stencil
　「Stencil」(ステンシル)とは、型紙の模様を切抜いた部分に「染料」や
「絵具」を摺り込む、「染色」や「版画」における技法のことで、3D-CGなど
においては、物体の重ね合わせなどによって描画しなくても良い領域を
効率よく判断することを指します。
　「ステンシル・バッファ」を使えば、「2D画像」や「3D画像」を「3Dシー
ン」に効率よく合成できます。

■「三角形プリミティブ」の描画

　前述の通り、ポリゴンは三角形の集まりです。3Dでは三角形を何千・
何万個と組み合わせてオブジェクトを形成します。
　そこで、この節では「プリミティブな三角形」(原始的な形状の三角形)

41

第2章 「RoxigaEngine」の開発

を描画してみます。

> ※なお、今節では行ないませんが、次節の「頂点バッファ」で、「頂点のデータ」を渡します。

「プリミティブな三角形」を描くには、「drawPrimitives」メソッドで、0～2の頂点のインデックスを渡します。

そして、「頂点シェーダ」で、頂点「position」に「float4(-1,1,0,1)」など3頂点を指定して、1個の三角形を描画します。

> ※三角形の色は、前節で「fragmentShader」で橙色に指定しています。

■「Renderer.h」のコーディング

まず、「Metal」の背景色を他からも変更できるようにします。

「Renderer.h」ファイルを開き、以下のようにコーディングしてください。

リスト 2-3-1　Renderer.h

```
@interface Renderer : NSObject <MTKViewDelegate>
{
@protected    ①
 MTLClearColor _bgColor;    ②
}
```

● プログラム解説

①	「クラスを継承」するとき、「自身のクラス」または「子のクラス」内からだけ参照できることを宣言。
②	背景色の「_bgColor」プロパティを宣言。

■「Renderer.mm」のコーディング

「Metal」の「色」「デプス」「ステンシル」をセットし、エンコーダで三角形を描くシェーダに渡します。

「Renderer.mm」ファイルを開き、以下のようにコーディングしてください。

42

[2-3] 三角形の描画

リスト 2-3-2　Renderer.mm

```
（前略）
#import <vector>  ③

@implementation Renderer
{
（中略）
 id <MTLDepthStencilState> _depthState;  ④
}

- (void)loadMetalWithView:(nonnull MTKView *)view;
{
（中略）
 pipelineStateDescriptor.colorAttachments[0].pixelFormat = view.col
orPixelFormat;
 pipelineStateDescriptor.depthAttachmentPixelFormat = view.depthSte
ncilPixelFormat;  ⑤
 pipelineStateDescriptor.stencilAttachmentPixelFormat = view.depthS
tencilPixelFormat;  ⑥
（中略）
 if (!_pipelineState)
 {
  NSLog(@"Failed to created pipeline state, error %@", error);
 }
 MTLDepthStencilDescriptor *depthStateDesc = [[MTLDepthStencilDescr
iptor alloc] init];  ⑦
 depthStateDesc.depthCompareFunction = MTLCompareFunctionLess;  ⑧
 depthStateDesc.depthWriteEnabled = YES;  ⑨
 _depthState = [_device newDepthStencilStateWithDescriptor:depthSta
teDesc];  ⑩
 _commandQueue = [_device newCommandQueue];
}

- (void)drawInMTKView:(nonnull MTKView *)view
{
（中略）
 MTLRenderPassColorAttachmentDescriptor *colorAttachment = renderPa
ssDescriptor.colorAttachments[0];
 colorAttachment.clearColor = _bgColor;  ⑪
 id <MTLRenderCommandEncoder> renderEncoder = [commandBuffer render
CommandEncoderWithDescriptor:renderPassDescriptor];
 renderEncoder.label = @"MyRenderEncoder";  ⑫
 [renderEncoder pushDebugGroup:@"DrawModel"];  ⑬
```

第2章 「RoxigaEngine」の開発

```
    [renderEncoder setFrontFacingWinding:MTLWindingCounterClockwise]; ⑭
    [renderEncoder setRenderPipelineState:_pipelineState]; ⑮
    [renderEncoder setDepthStencilState:_depthState]; ⑯
    [renderEncoder drawPrimitives:MTLPrimitiveTypeTriangle vertexSta
rt:0 vertexCount:3]; ⑰
    [renderEncoder popDebugGroup]; ⑱
    [renderEncoder endEncoding];
    [commandBuffer presentDrawable:view.currentDrawable];
```

● 使用する「クラス」「メソッド」「プロパティ」の解説

クラス名	説 明
vector	「配列」を扱いやすくしたクラス。
MTLDepthStencilDescriptor	「Zバッファ」と「ステンシル・バッファ」を記述したクラス。
MTLRenderCommandEncoder	「レンダリングの命令」をするクラス。

メソッド名	説 明
newDepthStencilStateWithDescriptor	「Zバッファ」と「ステンシル・バッファ」の状態を設定。
pushDebugGroup	デバッグ用のグループを設定開始。
setFrontFacingWinding	三角形の3頂点を描画する順番を元に手前に向く面を決めるメソッド。
setRenderPipelineState	「パイプライン」(「読み込み」「解釈」「実行」「結果の書き込み」など、複数の段階からなるサイクルで構成されるレンダリングの命令処理)を設定。
setDepthStencilState	「Zバッファ」と「ステンシル・バッファ」を設定。
drawPrimitives	三角形を描画するメソッド。
popDebugGroup	デバッグ用のグループ設定を終了。

プロパティ名	説 明
_depthState	Zバッファの状態。
view.depthStencilPixelFormat	Zバッファとステンシル・バッファのピクセル・フォーマット(1ピクセルごとの色の数)。
MyRenderEncoder	単なる名前の文字列。
depthStateDesc	Zバッファとステンシル・バッファの記述。
_pipelineState	「パイプライン」の状態。

44

[2-3] 三角形の描画

● 使用する「定数」の解説

定　数	説　明
MTLCompareFunctionLess	「Zバッファ」の計算方法の1つで、より手前のピクセルを上書きする方法の定数。
MTLWindingCounterClockwise	三角形を描くとき、3つの頂点を反時計回りに描画設定する定数。

● プログラム解説

③	「vector」クラスを宣言したファイルをインポート。
④	「デプス」「ステンシル」の変数「_depthState」プロパティを宣言。
⑤	「デプス」に貼り付けるピクセル・フォーマットに「view.depthStencilPixelFormat」プロパティを代入。
⑥	ステンシルに貼り付けるピクセル・フォーマットに「view.depthStencilPixelFormat」プロパティを代入。
⑦	「MTLDepthStencilDescriptor」クラスのインスタンスを生成し「depthStateDesc」変数に代入。
⑧	「デプス深度」を決めるのに「MTLCompareFunctionLess」で、より小さい値の場合にピクセルを描画。
⑨	「デプス」の書き込みを許可。
⑩	「newDepthStencilStateWithDescriptor」メソッドで新たな「デプス」「ステンシル」を「_depthState」に代入。
⑪	背景色を指定。
⑫	「MTLRenderCommandEncoder」クラスのラベルプロパティに「MyRenderEncoder」を代入。
⑬	「MTLRenderCommandEncoder」クラスの「pushDebugGroup」メソッドに「DrawModel」をセット。
⑭	「MTLRenderCommandEncoder」クラスの「setFrontFacingWinding」メソッドに、「MTLWindingCounterClockwise」の反時計回りにポリゴンの頂点をセット。
⑮	「MTLRenderCommandEncoder」クラスの「setRenderPipelineState」メソッドに「_pipelineState」プロパティをセット。
⑯	「MTLRenderCommandEncoder」クラスの「setDepthStencilState」メソッドに「_depthState」プロパティをセット。

第2章 「RoxigaEngine」の開発

⑰	「MTLRenderCommandEncoder」クラスの「drawPrimitives」メソッドに「三角形プリミティブ」を0インデックスから3頂点を渡す。㉞の「vertex_id」に、0～2インデックスの頂点が送られる。
⑱	「MTLRenderCommandEncoder」クラスの「popDebugGroup」メソッドで、⑬の「pushDebugGroup」を終える。

■ 「RoxigaMain.mm」のコーディング

新たに「RoxigaMain.m」というファイルを用意します。

《手順》「RoxigaMain.m」

[1] 「RoxigaEngine」フォルダを「右クリック・メニュー」の「New File」を選択。
[2] 「Objective-C」ファイルを選択して「Next」をクリック。
[3] 「File」に「RoxigaMain.m」を入力して「Next」をクリック。
[4] 「RoxigaEngine」フォルダにあることを確認して「Create」をクリック。
[5] すると左の「Project Navigator」に「RoxigaMain.m」が追加されるので、「RoxigaMain.mm」と名前を変更してください。

このファイルが、ゲームを作る際に、主にコードを追加するファイルになります。

「RoxigaMain.mm」ファイルを開き、以下のようにコーディングしてください。

リスト 2-3-3　RoxigaMain.mm

```
#import <Foundation/Foundation.h> ⑲
#import "RoxigaMain.h" ⑳

@implementation RoxigaMain ㉑
{
}

-(nonnull instancetype)initWithMetalKitView:(nonnull MTKView *)
view; ㉒
```

[2-3] 三角形の描画

```
{
  self = [super initWithMetalKitView:view];  ㉓
  _bgColor = MTLClearColorMake(1.0, 0.8, 0.8, 1.0);  ㉔

  return self;  ㉕
}

- (void)drawInMTKView:(nonnull MTKView *)view  ㉖
{
  [super drawInMTKView:view];  ㉗
}

@end  ㉘
```

● 使用する「クラス」「メソッド」「プロパティ」の解説

クラス名	説　明
Foundation	Objective-C の基本機能のかたまりのようなクラス。
RoxigaMain	最終的にゲームのロジックを記述するクラス。

メソッド名	説　明
initWithMetalKitView	MetalKit のビューを初期化するメソッド。
drawInMTKView	毎フレーム呼ばれるメソッド。

● プログラム解説

⑲	「Foundation」クラスを宣言した「ヘッダ・ファイル」をインポート。
⑳	「RoxigaMain」クラスを宣言した「ヘッダ・ファイル」をインポート。
㉑	㉑〜㉘の間に「RoxigaMain」クラスのプロパティ初期化やメソッド定義の開始。
㉒	「initWithMetalKitView」メソッドで「MTKView」(MetalKit ビュー)の初期化を。
㉓	親クラス「Renderer」クラスの「initWithMetalKitView」メソッドを呼び出す。
㉔	背景色を(R,G,B,A)=(1.0, 0.8, 0.8, 1.0)のピンク色にセット。
㉕	自分自身「self」プロパティを返す。
㉖	「drawInMTKView」メソッドで「MTKView」(MetalKit ビュー)内に描画。
㉗	親クラスである「Renderer」クラスの「drawInMTKView」メソッドを呼び出す。

第2章　「RoxigaEngine」の開発

㉘	㉑～㉗の間の処理を終了。

■ 「RoxigaMain.h」のコーディング

　「RoxigaMain.m」ファイルと同様に、「Header File」ファイルを選択して、「RoxigaMain.h」ファイルを作ります。

　これが、メインにゲームコードを書く「RoxigaMain」クラスの「プロパティ」や「メソッド」の宣言を書くファイルになります。

　「RoxigaMain.h」ファイルを開き、以下のようにコーディングしてください。

リスト 2-3-4　RoxigaMain.h

```
#ifndef RoxigaMain_h
#define RoxigaMain_h

#import <MetalKit/MetalKit.h>   ㉙
#import "Renderer.h"   ㉚

@interface RoxigaMain : Renderer   ㉛
{
}
@end   ㉜

#endif
```

● 使用する「クラス」の解説

クラス名	説　明
MetalKit	「Metal」を扱いやすくまとめたクラス。
Renderer	「Metal」のレンダリングを記述したクラス。
RoxigaMain	最終的にこれだけにゲームのロジックを記述できるクラス。

● プログラム解説

㉙	「MetalKit」クラスを宣言した「ヘッダ・ファイル」のインポート。
㉚	「Renderer」クラスを宣言した「ヘッダ・ファイル」のインポート。
㉛	「Renderer」から派生した「Renderer」クラスの子クラス「RoxigaMain」の宣言の開始。

48

[2-3] 三角形の描画

㉜	「RoxigaMain」クラスの宣言の終了。

■「Shaders.metal」のコーディング

「頂点シェーダ」で、「0〜2インデックス」の頂点を「switch」で場合分けします。

「Shaders.metal」ファイルを開き、以下のようにコーディングしてください。

リスト 2-3-5　Shaders.metal

```
#include <metal_stdlib>
#include <simd/simd.h>
#import "ShaderTypes.h"    ㉝
(中略)
vertex ColorInOut vertexShader(uint   vid   [[ vertex_id ]])    ㉞
{
 ColorInOut out;
 switch (vid)   ㉟
 {
  case 0: out.position = float4(-1,1,0,1); break;    ㊱
  case 1: out.position = float4(1,1,0,1); break;    ㊲
  default: out.position = float4(0,-1,0,1); break;    ㊳
 }
 return out;
}
```

●「変数」の解説

変数名	説　明
vid	頂点のインデックス。

● プログラム解説

㉝	構造体「ShaderTypes」を宣言した「ヘッダ・ファイル」のインポート。
㉞	⑰から3つの頂点インデックスが、「頂点シェーダ」の「vid」変数に送られる。
㉟	「vid」変数が「0」「1」「2」の場合に分けて「switch文」分岐。

49

第2章 「RoxigaEngine」の開発

㊱	「vid」が「0」の場合、頂点「position」に「(X,Y,Z,W)=(-1,1,0,1)」を代入し、「break」で「switch文」を抜け出す。
㊲	「vid」が「1」の場合、頂点「position」に「(X,Y,Z,W)=(1,1,0,1)」を代入し、「break」で「switch文」を抜け出す。
㊳	「vid」が「2(0と1以外)」の場合、頂点「position」に「(X,Y,Z,W)=(0,-1,0,1)」を代入し、「break」で「switch文」を抜け出す。

■ GameViewController.mm」のコーディング

レンダリングするクラスを「Renderer」クラスから、その子クラスの「RoxigaMain」クラスに変更します。

「GameViewController.mm」ファイルを開き、以下のようにコーディングしてください。

リスト 2-3-6　GameViewController.mm

```
#import "GameViewController.h"
#import "RoxigaMain.h"    ㊴

@implementation GameViewController
{
 MTKView *_view;
 RoxigaMain *_renderer;    ㊵
}
- (void)viewDidLoad
{
(中略)
 _renderer = [[RoxigaMain alloc] initWithMetalKitView:_view];    ㊶
```

● 使用する「クラス」「メソッド」「プロパティ」の解説

クラス名	説　明
RoxigaMain	最終的にこれだけにゲームのロジックを記述できるクラス。

メソッド名	説　明
initWithMetalKitView	MetalKitのビューを初期化するメソッド。

[2-3] 三角形の描画

プロパティ名	説明
_renderer	「Metal」のレンダリングを記述した「Renderer」クラスのインスタンス。

● プログラム解説

㊴	「RoxigaMain」クラスを宣言したヘッダ・ファイルをインポート。
㊵	「RoxigaMain」クラスの「_renderer」プロパティを宣言。
㊶	「RoxigaMain」クラスの「initWithMetalKitView」メソッドでインスタンスを生成し「_renderer」プロパティに代入。

■ 実行結果

では「Xcode9」の左上でMacに接続した実機を選択し、「▶」ボタンで「ビルドと実行」をしてください。

すると右図のように橙色の下向き三角形が画面一杯に表示されます。

図 2-3-1　橙色の下向き三角形が画面一杯に表示された

この節のまとめ

・この節では、背景色をピンク色にして、橙色の三角形を1個描画。
・「drawPrimitives」メソッドでシェーダに三角形を渡した。
・「デプス」が「Zバッファ」を表わし、「ステンシル」が「2D」「3D」画像を3Dシーンに合成に使われることも解説した。

第2章 「RoxigaEngine」の開発

2-4 「エンコーダ」と「シェーダ」

この節では、「エンコーダ」と「シェーダ」について解説します。

■「エンコーダ」と「シェーダ」

● エンコーダ

「エンコーダ」は、「頂点の情報」や「色の情報」をシェーダに送る機能です。
「エンコーダ」には、「MTLRenderCommandEncoder」クラスを使います。

「エンコーダ」を使って、「頂点データ」の「頂点バッファ」を「setVertexBuffer」メソッドにおける引数「atIndex」の「0」番に送ると、「Shaders.metal」ファイルにおける「頂点シェーダ」の「device vertex_t* vertex_array [[buffer(0)]]」に記載してあるとおり、引数「buffer」の「0」番が受け取ります。

「頂点バッファ」は、この節では「頂点のデータ」(X,Y,Z)の3つの「float3」データ型が、1行の数値になります。

■「RoxigaModel.h」のコーディング

「RoxigaModel」クラスは、モデルのデータや描画に関する「プロパティ」や「メソッド」が定義されています。
「右クリック・メニュー」の「New File」で「RoxigaModel.h」を作成しファイルを開き、以下のようにコーディングしてください。

リスト 2-4-1　RoxigaModel.h

```
#import <Metal/Metal.h>   ①
#import <MetalKit/MetalKit.h>   ②
#import <vector>   ③

@interface RoxigaModel : NSObject   ④
{
@protected   ⑤
 std::vector<std::vector<float>> _vertices;   ⑥
```

[2-4]「エンコーダ」と「シェーダ」

```
  std::vector<id<MTLBuffer>> _vertexBuffer;    ⑦
  std::vector<uint32_t> _vertexSize;    ⑧
}
- (instancetype)initWithDevice:(id <MTLDevice>)device;    ⑨
- (void)encoder:(id <MTLRenderCommandEncoder>)renderEncoder;    ⑩
@end
```

● 使用する「クラス」「メソッド」「プロパティ」の解説

クラス名	説　明
vector	配列を扱いやすくしたクラス。

メソッド名	説　明
initWithDevice	「Metal」デバイスを初期化するメソッド。
encoder	頂点の情報や色の情報をシェーダに送るメソッド。

プロパティ名	説　明
_vertices	頂点データの配列。
_vertexBuffer	エンコーダに送る頂点データ。
_vertexSize	頂点の総数。

● 用語解説

・配列…変数は1つで1つのデータを保持するが、配列は同様の複数の変数をまとめて扱えるようにした機能。

● プログラム解説

①	「Metal」クラスを宣言した「ヘッダ・ファイル」を読み込む。
②	「MetalKit」クラスを宣言した「ヘッダ・ファイル」を読み込む。
③	「vector」クラスを宣言したファイルを読み込む。
④	「NSObject」ルートクラスから派生した子クラス「RoxigaModel」を宣言。
⑤	このクラス、またはこのクラスの子クラス内からのみ、プロパティにアクセスできることを宣言。
⑥	2次元の「vector」配列「_vertices」プロパティを宣言。
⑦	「MTLBuffer」クラスの配列「_vertexBuffer」プロパティを宣言。

53

第2章 「RoxigaEngine」の開発

⑧	「uint32_t」データ型の配列「_vertexSize」プロパティを宣言。
⑨	「RoxigaModel」の初期化「initWithDevice」メソッドを宣言。
⑩	シェーダにデータを送るエンコーダの「encoder」メソッドを宣言。

■「RoxigaModel.mm」のコーディング

「RoxigaModel.mm」で、「RoxigaModel」クラスの初期化とエンコーダを定義します。

「右クリック・メニュー」の「New File」で「RoxigaModel.m」を作成し、「RoxigaModel.mm」に名前を変更してファイルを開き、以下のようにコーディングしてください。

リスト 2-4-2　RoxigaModel.mm

```
#import "RoxigaModel.h"  ⑪
#import <Metal/Metal.h>  ⑫
#import <MetalKit/MetalKit.h>  ⑬

@implementation RoxigaModel  ⑭

- (instancetype) initWithDevice:(id <MTLDevice>)device  ⑮
{
 self = [super init];  ⑯
 for (int i = 0; i < _vertices.size(); ++i )  ⑰
 {
  _vertexBuffer.push_back([device newBufferWithBytes:_vertices[i].
data() length:uint32_t(_vertices[i].size() * sizeof(float)) options:
MTLResourceOptionCPUCacheModeDefault]);  ⑱
  _vertexSize.push_back(uint32_t(_vertices[i].size()/3));  ⑲
 }
 return self;  ⑳
}

-(void)encoder:(id <MTLRenderCommandEncoder>)renderEncoder  ㉑
{
 for ( int i = 0; i < _vertexSize.size(); ++i)  ㉒
 {
  if ( _vertexSize[i] <= 0 ) continue;  ㉓
  [renderEncoder setVertexBuffer:_vertexBuffer[i] offset:0 atInd
ex:0];  ㉔
```

[2-4]「エンコーダ」と「シェーダ」

```
  [renderEncoder drawPrimitives:MTLPrimitiveTypeTriangle vertexSta
rt:0 vertexCount:_vertexSize[i]];  ㉕
  }
}
@end
```

● 使用する「クラス」「メソッド」「プロパティ」の解説

メソッド名	説　明
initWithDevice	「Metal」デバイスの初期化メソッド。

● 用語解説

・for 文…ループして処理を反復する機能。
・continue…for 文において continue 以降の処理をスキップして、次のループに移る。

● プログラム解説

⑪	「RoxigaModel」クラスを宣言したヘッダ・ファイルを読み込む。
⑫	「Metal」クラスを宣言したヘッダ・ファイルを読み込む。
⑬	「MetalKit」クラスを宣言したヘッダ・ファイルを読み込む。
⑭	「@implrmanation RoxigaModel」〜「@end」までの間「RoxigaModel」クラスのプロパティの初期化やメソッドの定義を書く。
⑮	「RoxigaModel」クラスを初期化する「initWithDevice」メソッドの定義。
⑯	親クラス「NSObject」の「init」メソッドを呼び出し、戻り値を「self」に代入。
⑰	「i」変数が「0」〜「_verticesの配列数」の間は、「for」ループ。
⑱	頂点バッファ「_vertexBuffer」プロパティに、㉛の頂点のデータをセットし、配列の最後に代入。
⑲	頂点数「_vertexSize」プロパティを、1個の頂点のデータサイズ(X,Y,Z)である3個で割って、配列の最後に頂点数を代入。
⑳	「self」を返す。
㉑	シェーダにデータを送るエンコーダである「encoder」メソッドを定義。
㉒	「i」変数が「0」〜「_vertexSizeの配列数」の間「for」ループ。

55

第2章 「RoxigaEngine」の開発

㉓	頂点数「_vertexSize」が0以下なら「continue」して、「for文」を戻って繰り返す。
㉔	「atIndex」引数に「0」番を指定して、㊽のシェーダの「buffer」の「0」インデックスに、頂点バッファ「_vertexBuffer」を送る。
㉕	「三角形プリミティブ」を「_vertexSize」の頂点数だけシェーダに送る。

■「SampleModel.h」のコーディング

「SampleModel.h」ファイルと「SampleModel.mm」ファイルを合わせて、最終的に「RoxigaEngine」の1モデルのモデルデータを作ります。

「右クリック・メニュー」の「New File」で「SampleModel.h」を作成しファイルを開き、以下のようにコーディングしてください。

リスト 2-4-3 　SampleModel.h

```
#import "RoxigaModel.h"  ㉖

@interface SampleModel : RoxigaModel  ㉗

@end
```

● プログラム解説

㉖	「RoxigaModel」クラスを宣言した「ヘッダ・ファイル」をインポート。
㉗	「RoxigaModel」クラスから派生した子クラス「SampleModel」を宣言。

■「SampleModel.mm」のコーディング

もう一方のファイル「SampleModel.mm」をコーディングしていきます。

「右クリック・メニュー」の「New File」で「SampleModel.m」を作成し、「SampleModel.mm」に名前を変更してファイルを開き、以下のようにコーディングしてください。

※「RoxigaEngine」が完成したら、モデルデータは、「FbxToCSharp」を使って、「Autodesk FBX」ファイルを「SampleModel.mm」「SampleModel.h」と名前違いの同じフォーマットで書き出せます。

[2-4] 「エンコーダ」と「シェーダ」

リスト 2-4-4　SampleModel.mm

```
#import "SampleModel.h"  ㉘

@implementation SampleModel : RoxigaModel  ㉙
- (instancetype) initWithDevice:(id <MTLDevice>)device  ㉚
{
 _vertices =  ㉛
 {
  {
   0, 1,0,  ㉛
   1,-1,0,  ㉛
   -1,-1,0,  ㉛
  }
 };
 return [super initWithDevice: device];  ㉜
}
@end
```

● プログラム解説

㉘	「SampleModel」クラスを宣言した「ヘッダ・ファイル」をインポート。
㉙	「RoxigaModel」クラスから派生した「SampleModel」クラスを宣言。
㉚	「SampleModel」クラスの初期化「initWithDevice」メソッドの定義。
㉛	頂点配列「_vertices」プロパティ。1行ずつ「(X,Y,Z)=(0,1,0)、(1,-1,0)、(-1,-1,0)」となり、⑲でXYZの「3」データになる。
㉜	親「RoxigaModel」クラスの「initWithDevice」メソッドを呼び出す。

■「Renderer.h」のコーディング

「Renderer」クラスの宣言をします。

「Renderer.h」を以下のようにコーディングしてください。

リスト 2-4-5　Renderer.h

```
#import <MetalKit/MetalKit.h>
#import "RoxigaModel.h"  ㉝

@interface Renderer : NSObject <MTKViewDelegate>
{
```

第2章 「RoxigaEngine」の開発

```
@protected
 MTLClearColor _bgColor;
}
- (nonnull instancetype)initWithMetalKitView:(nonnull MTKView *)view;
- (nonnull RoxigaModel*) loadModel:(nonnull id)model;    ㉞
@end
```

● **プログラム解説**

㉝	「RoxigaModel」クラスを宣言した「ヘッダ・ファイル」を読み込む。
㉞	モデルデータを読み込む「loadModel」メソッド。

■「Renderer.mm」のコーディング

モデルを読み込んだり、描画を呼び出したりします。

「Renderer.mm」ファイルを開き、以下のようにコーディングしてください。

リスト 2-4-6　Renderer.mm

```
（前略）
#import "RoxigaModel.h"   ㉟

@implementation Renderer
{
（中略）
 std::vector<RoxigaModel*> _models;    ㊱
}

- (RoxigaModel*) loadModel:(id)model    ㊲
{
 RoxigaModel* instance = [model initWithDevice:_device];    ㊳
 _models.push_back(instance);    ㊴
 return instance;    ㊵
}

- (void)drawInMTKView:(nonnull MTKView *)view
{
（中略）
 [renderEncoder setDepthStencilState:_depthState];
```

[2-4]「エンコーダ」と「シェーダ」

```
[renderEncoder drawPrimitives:MTLPrimitiveTypeTriangle vertexSta
rt:0 vertexCount:3];  削除
  for (int i = 0; i < _models.size(); ++i)  ㊶
  {
    [_models[i] encoder:renderEncoder];  ㊷
  }
  [renderEncoder popDebugGroup];
(後略)
```

● プログラム解説

㉟	「RoxigaModel」クラスを宣言した「ヘッダ・ファイル」をインポート。
㊱	「RoxigaModel」クラスの「vector」配列「_models」プロパティを宣言。
㊲	モデルデータを読み込む「loadModel」メソッドを定義。
㊳	「initWithDevice」メソッドで「RoxigaModel」クラスのインスタンスを生成して「instance」変数に代入。
㊴	「_models」配列最後に追加して「instance」変数を代入。
㊵	「instance」変数を返す。
㊶	「i」変数が「0」～「_modelsの数」の間は、「for」ループ。
㊷	「RoxigaModel」クラスの「encoder」メソッドでシェーダにデータを送る。

■「RoxigaMain.mm」のコーディング

　「RoxigaMain.mm」は、完成した「RoxigaEngine」でゲームを作る際に、このファイルにコードを追加するだけでゲームが作れるようにするためのファイルです。
　「RoxigaMain.mm」ファイルを開き、以下のようにコーディングしてください。

リスト 2-4-7　RoxigaMain.mm

```
#import <Foundation/Foundation.h>
#import "RoxigaMain.h"
#import "RoxigaModel.h"   ㊸
#import "SampleModel.h"   ㊹


@implementation RoxigaMain
{
```

第2章 「RoxigaEngine」の開発

```
@private
 RoxigaModel* _model;      ㊺
}

-(nonnull instancetype)initWithMetalKitView:(nonnull MTKView *)
view;
{
 self = [super initWithMetalKitView:view];
 _bgColor = MTLClearColorMake(1.0, 0.8, 0.8, 1.0);
 _model = [super loadModel:[SampleModel alloc]];   ㊻
 return self;
}
```

● 使用する「クラス」「メソッド」「プロパティ」の解説

クラス名	説明
RoxigaModel	3Dモデルをまとめて扱えるようにしたクラス。

プロパティ名	説明
_model	3Dモデルをまとめて扱えるようにした「RoxigaModel」クラスのインスタンス。

● プログラム解説

㊸	「RoxigaModel」クラスを宣言した「ヘッダ・ファイル」をインポート。
㊹	「SampleModel」クラスを宣言した「ヘッダ・ファイル」をインポート。
㊺	「RoxigaModel」クラスの「_model」プロパティを宣言。
㊻	「SampleModel」クラスのインスタンスを生成し、「_model」プロパティに代入。

■ 「Shaders.metal」のコーディング

「頂点シェーダ」だけコードを追加します。
「Shaders.metal」ファイルを開き、以下のようにコーディングしてください。

[2-4]「エンコーダ」と「シェーダ」

```
typedef struct  ㊼
{
 packed_float3 position;  ㊼
} vertex_t;  ㊼
```

```
vertex ColorInOut vertexShader(device vertex_t* vertex_array [[ buffer(0) ]],  ㊽
uint vid [[ vertex_id ]])
{
 ColorInOut out;
 float4 position = float4(vertex_array[vid].position, 1.0);  ㊾
 out.position = position;  ㊿
 return out;
}
```

● プログラム解説

㊼	構造体「vertex_t」を宣言。
㊽	㉔の「atIndex」引数に指定された「0」番から、「buffer」の「0」インデックスに「頂点バッファ」を送る。
㊾	「vertex_array」配列の「vid」インデックスである「position(float3データ型)」と「1.0」を合わせて、「float4」データ型にする。
㊿	「out」変数に「position」を代入する。

■ 実行結果

では「Xcode9」の左上でMacに接続した実機を選択し、「▶」ボタンで「ビルドと実行」をしてください。

すると右図のように画面一杯に上向き三角形が表示されます。

図 2-4-1　画面一杯に上向き三角形が表示される

第2章　「RoxigaEngine」の開発

この節のまとめ

・エンコーダを使って1個の三角形のデータをシェーダに渡した。

・前節では暫定的にシェーダ内に頂点データを書いたが、できるだけ頂点バッファを使って頂点データを記述すべき。

2-5 「Uniformsバッファ」と「平行移動行列」

この節では、「Uniformsバッファ」の解説をします。
また「平行移動行列」についても解説します。

■ Uniformsバッファ

「頂点バッファ」は、最初にセットした値が一定なので、それ以降はシェーダに渡す際に値を変化させる必要はありませんでした。

それに対して「Uniformsバッファ」は、「プロジェクション行列」や「モデル・ビュー行列」など、値がアプリ実行中に変化することもあるので、シェーダに値を渡す際に一手間かけた処理が必要です。

「プロジェクション行列」と「モデル・ビュー行列」については、1-3「レンダリング」の「3D計算」を参考にしてください。

＊

「encoder」メソッドの「setVertexBuffer」で「Uniformsバッファ」をシェーダに送るエンコーダを使った方法は、「頂点バッファ」と同じです。

ただし、「Uniformsバッファ」は、変更されたら更新処理が必要です。
「RoxigaEngine」では、毎フレーム更新しています。

62

[2-5]「Uniformsバッファ」と「平行移動行列」

■ 平行移動行列

「平行移動行列」は、以下の式で表わされます。

$$
\begin{vmatrix}
1 & 0 & 0 & 0 \\
0 & 1 & 0 & 0 \\
0 & 0 & 1 & 0 \\
x & y & z & 1
\end{vmatrix}
$$

「(x,y,z,w)」のベクトルに「4x4」の行列を乗算すると、新たな「(x2,y2,z2,w2)」ベクトルが生成されます。

それによりベクトルの座標が変化します。

複数の行列がある場合、先に行列同士を乗算して変形行列を作ってから、ベクトルに変形行列を乗算すると、一度に計算できて、処理も速くなります。

■「AAPLTransforms.h」のコーディング

「3D行列」に関する関数を宣言します。

「右クリック・メニュー」の「New File」で「AAPLTransforms.h」を作成しファイルを開き、以下のようにコーディングしてください。

リスト 2-5-1　AAPLTransforms.h

```
#ifndef _AAPL_MATH_TRANSFORMS_H_
#define _AAPL_MATH_TRANSFORMS_H_

#import <simd/simd.h>   ①

#ifdef __cplusplus

namespace AAPL
{
 namespace Math
 {
```

第2章 「RoxigaEngine」の開発

```
  float radians(const float& degrees);   ②
  simd::float4x4 translate(const simd::float3& t);   ③
  simd::float4x4 perspective_fov(const float& fovy,const float& aspect
,const float& near,const float& far);   ④
 }
}

#endif
#endif
```

● 使用する「クラス」「メソッド」「プロパティ」の解説

クラス名	説　明
simd	「ベクトル」や「行列」の計算を担当するクラス。 「out」変数に「position」を代入する。

● プログラム解説

①	「simd」クラスを宣言した「ヘッダ・ファイル」をインポート。
②	「ディグリー (度)」から「ラジアン」に変換する関数。
③	平行移動行列を扱う「translate」関数。
④	透視射影行列を扱う「perspective_fov」関数。

■ 「AAPLTransforms.mm」のコーディング

「3D行列」に関する関数を定義します。

「右クリック・メニュー」の「New File」で「AAPLTransforms.m」を作成し、「AAPLTransforms.mm」と名前を変更し、ファイルを開き、以下のようにコーディングしてください。

リスト 2-5-2　AAPLTransforms.mm

```
#import <cmath>   ⑤
#import <iostream>   ⑥
#import "AAPLTransforms.h"   ⑦

float AAPL::Math::radians(const float& degrees)   ⑧
{
 return (degrees * M_PI * 2.0f/360.0f);
```

[2-5] 「Uniformsバッファ」と「平行移動行列」

```
}

simd::float4x4 AAPL::Math::translate(const simd::float3& t)    ⑨
{
 simd::float4x4 M = matrix_identity_float4x4;
 M.columns[3].xyz = t;
 return M;
}

simd::float4x4 AAPL::Math::perspective_fov(const float& fovy,const flo
at& aspect,const float& near,const float& far)    ⑩
{
 float angle  = radians(0.5f * fovy);
 float yScale = 1.0f/ std::tan(angle);
 float xScale = yScale / aspect;
 float zScale = far / (far - near);
      simd::float4 P = 0.0f;
 simd::float4 Q = 0.0f;
 simd::float4 R = 0.0f;
 simd::float4 S = 0.0f;
      P.x =  xScale;
 Q.y =  yScale;
 R.z =  zScale;
 R.w =  1.0f;
 S.z = -near * zScale;
      return simd::float4x4(P, Q, R, S);
}
```

● 使用する「クラス」「メソッド」「プロパティ」の解説

クラス名	説　明
cmath	数学の計算を担当するクラス。
iostream	ファイルを入出力するクラス。

● プログラム解説

⑤	「cmath」クラスを宣言したファイルをインポート。必ず「C++」ファイルである「.mm」ファイルに記述しなければエラーが出る。
⑥	「iostream」クラスを宣言したファイルをインポート。
⑦	「AAPLTransforms.h」名前空間を宣言した「ヘッダ・ファイル」をインポート。

65

第2章 「RoxigaEngine」の開発

⑧	「ディグリー(度)」から「ラジアン」に変換して返す。
⑨	平行移動行列を返す。
⑩	透視射影行列を返す。

■「RoxigaModel.h」のコーディング

「モデルデータ」の「プロパティ」や「メソッド」の「基底クラス」の「ヘッダ・ファイル」を作ります。

> ※「基底クラス」とは、オブジェクト指向におけるクラスの親子関係が成立する場合の親側のクラスのこと。

「RoxigaModel.h」ファイルを開き、以下のようにコーディングしてください。

リスト 2-5-3　RoxigaModel.h

```
#import <Metal/Metal.h>
#import <MetalKit/MetalKit.h>
#import <vector>
#import <simd/simd.h>  ⑪
#import "ShaderTypes.h"  ⑫

@interface RoxigaModel : NSObject
{
@protected
 std::vector<std::vector<float>> _vertices;
 std::vector<id<MTLBuffer>> _vertexBuffer;
 std::vector<uint32_t> _vertexSize;
 id <MTLBuffer> _dynamicUniformBuffer;  ⑬
 uint32_t _uniformBufferOffset;  ⑭
 uint8_t _uniformBufferIndex;  ⑮
 void* _uniformBufferAddress;  ⑯
 Uniforms * _uniforms;  ⑰
}
- (instancetype)initWithDevice:(id <MTLDevice>)device;
- (void)encoder:(id <MTLRenderCommandEncoder>)renderEncoder;
- (void)transform:(simd::float4x4)projectionMatrix viewMatrix:(simd
::float4x4)viewMatrix;  ⑱
- (void)updateDynamicBufferState;  ⑲
```

66

[2-5]「Uniformsバッファ」と「平行移動行列」

```
- (void)setUniformBuffer:(id <MTLDevice>)device;     ⑳
@end
```

● 使用する「メソッド」「プロパティ」の解説

メソッド名	説明
transform	オブジェクトを変形する行列を計算するメソッド。
updateDynamicBufferState	シェーダに渡す「値が変化するデータ」を計算するメソッド。
setUniformBuffer	「ユニフォーム・バッファ」をセットするメソッド。

プロパティ名	説明
_dynamicUniformBuffer	ユニフォーム・バッファのプロパティ。
_uniformBufferOffset	ユニフォーム・バッファの相殺する値。
_uniformBufferIndex	ユニフォーム・バッファのインデックス。
_uniformBufferAddress	ユニフォーム・バッファの番地。
_uniforms	ユニフォーム・バッファのシェーダに送るプロパティ。

● 用語解説

・ユニフォーム・バッファ…シェーダに送る値は普通は変化しないが、ユニフォーム・バッファは、シェーダに送る前に値が変化することもある。

● プログラム解説

⑪	「simd」クラスを宣言した「ヘッダ・ファイル」をインポート。
⑫	「ShaderTypes」の構造体が書かれたヘッダ・ファイルをインポート。
⑬	ユニフォーム・バッファ「_dynamicUniformBuffer」プロパティを宣言。
⑭	ユニフォーム・バッファオフセット「_uniformBufferOffset」プロパティを宣言。
⑮	ユニフォーム・バッファインデックス「_uniformBufferIndex」プロパティを宣言。
⑯	ユニフォーム・バッファ番地「_uniformBufferAddress」プロパティを宣言。
⑰	ユニフォーム「_uniforms」プロパティを宣言。
⑱	モデルの変形の「transform」メソッド。
⑲	ダイナミックバッファの更新の「updateDynamicBufferState」メソッド。
⑳	ユニフォーム・バッファをセットする「setUniformBuffer」メソッド。

第2章 「RoxigaEngine」の開発

■「RoxigaModel.mm」のコーディング

「プロジェクション行列」や「モデル・ビュー行列」を「Uniformsバッファ」を使って「シェーダ」に渡します。

「RoxigaModel.mm」ファイルを開き、以下のようにコーディングしてください。

リスト 2-5-4 RoxigaModel.mm

```
（前略）
#import "ShaderTypes.h"  ㉑

@implementation RoxigaModel

static const NSUInteger kMaxBuffersInFlight = 3;  ㉒
static const size_t kAlignedUniformsSize = (sizeof(Uniforms) & ~0x
FF) + 0x100;  ㉓
（中略）
-(void)setUniformBuffer:(id <MTLDevice>)device  ㉔
{
 NSUInteger uniformBufferSize = kAlignedUniformsSize * kMaxBuffersI
nFlight;  ㉕
 _dynamicUniformBuffer = [device newBufferWithLength:uniformBufferS
ize options:MTLResourceStorageModeShared];  ㉖
}

-(void)encoder:(id <MTLRenderCommandEncoder>)renderEncoder
{
 for ( int i = 0; i < _vertexSize.size(); ++i)
 {
  if ( _vertexSize[i] <= 0 ) continue;
   [renderEncoder setVertexBuffer:_vertexBuffer[i] offset:0 atInd
ex:0];
   [renderEncoder setVertexBuffer:_dynamicUniformBuffer offset:_unif
ormBufferOffset atIndex:2];  ㉗
   [renderEncoder drawPrimitives:MTLPrimitiveTypeTriangle vertexSta
rt:0 vertexCount:_vertexSize[i]];
 }
}

-(void)transform:(simd::float4x4)projectionMatrix viewMatrix:(simd::
float4x4)viewMatrix  ㉘
{
```

[2-5]「Uniformsバッファ」と「平行移動行列」

```
  _uniforms = (Uniforms*)_uniformBufferAddress;     ㉙
  _uniforms->projectionMatrix = projectionMatrix;   ㉚
  _uniforms->modelViewMatrix = viewMatrix;          ㉛
}

- (void)updateDynamicBufferState   ㉜
{
  _uniformBufferIndex = (_uniformBufferIndex + 1) % kMaxBuffersInFli
ght;   ㉝
  _uniformBufferOffset = kAlignedUniformsSize * _uniformBufferInd
ex;    ㉞
  _uniformBufferAddress = ((uint8_t*)_dynamicUniformBuffer.contents)
+ _uniformBufferOffset;   ㉟
}
```

● 「構造体」「メソッド」「プロパティ」の解説

構造体名	説明
ShaderTypes	シェーダに渡すプロジェクション行列やモデル・ビュー行列の書かれた構造体。

メソッド名	説明
setUniformBuffer	ユニフォーム・バッファをセットするメソッド。
newBufferWithLength	数を指定して新たなバッファを生成するメソッド。
setVertexBuffer	頂点バッファをセットするメソッド。
transform	オブジェクトを変形する行列を計算するメソッド。

プロパティ名	説明
_dynamicUniformBuffer	ユニフォーム・バッファのプロパティ。
_uniforms	ユニフォーム・バッファのシェーダに送るプロパティ。
_uniforms->projectionMatrix	プロジェクション行列。
_uniforms->modelViewMatrix	モデルビュー行列。
_uniformBufferIndex	ユニフォーム・バッファのインデックス。
_uniformBufferOffset	ユニフォーム・バッファの相殺する値。
_uniformBufferAddress	ユニフォーム・バッファの番地。

第2章 「RoxigaEngine」の開発

● 「変数」の解説

変数名	説　明
kMaxBuffersInFlight	ユニフォーム・バッファの最大数。
kAlignedUniformsSize	ユニフォーム・バッファの数。
uniformBufferSize	ユニフォーム・バッファのサイズ。

● プログラム解説

㉑	「ShaderTypes」の構造体が書かれたヘッダ・ファイル。
㉒	「kMaxBuffersInFlight」変数に「3」を代入。
㉓	「kAlignedUniformsSize」変数に「(sizeof(Uniforms) & ~0xFF) + 0x100」を代入。
㉔	ユニフォームのセットする「setUniformBuffer」メソッドの定義。
㉕	「uniformBufferSize」変数に「kAlignedUniformsSize」と「kMaxBuffersInFlight」を乗算した値を代入。
㉖	「newBufferWithLength」メソッドを使ってゼロで埋め尽くしたものを「_dynamicUniformBuffer」プロパティに代入。
㉗	エンコーダの「setVertexBuffer」メソッドで「atIndex」の「2」番を、㊽の「constant Uniforms& uniforms [[buffer(2)]]」の「buffer」の「2」番に「Uniformsバッファ」を送る。
㉘	モデルの変形をする「transform」メソッドを定義。
㉙	「_uniforms」プロパティに「_uniformBufferAddress」を代入。
㉚	「_uniforms->projectionMatrix」プロパティに「projectionMatrix」を代入。
㉛	「_uniforms->modelViewMatrix」プロパティに「viewMatrix」を代入。
㉜	「Uniformsバッファ」を更新するメソッドを定義。
㉝	「_uniformBufferIndex」プロパティに「(_uniformBufferIndex + 1) % kMaxBuffersInFlight」を代入。
㉞	「_uniformBufferOffset」プロパティに「kAlignedUniformsSize * _uniformBufferIndex」を代入。
㉟	「_uniformBufferAddress」プロパティに「((uint8_t*)_dynamicUniformBuffer.contents) + _uniformBufferOffset」を代入。

[2-5]「Uniformsバッファ」と「平行移動行列」

■「Renderer.mm」のコーディング

「ビュー行列」と「プロジェクション行列」を反映して、カメラから透視射影してモデルを見ます。

「Renderer.mm」ファイルを開き、以下のようにコーディングしてください。

リスト 2-5-5　Renderer.mm

```
（前略）
#import "AAPLTransforms.h"    ㊱
#import "ShaderTypes.h"    ㊲

static const NSUInteger kMaxBuffersInFlight = 3;

@implementation Renderer
{
 simd::float4x4 _projectionMatrix;    ㊳
（中略）
- (RoxigaModel*) loadModel:(id)model
{
 RoxigaModel* instance = [model initWithDevice:_device];
 [instance setUniformBuffer:_device];    ㊴
 _models.push_back(instance);

 return instance;
}

- (void)drawInMTKView:(nonnull MTKView *)view
{
（中略）
 if(renderPassDescriptor != nil)
 {
  simd::float4x4 viewMatrix = AAPL::Math::translate({0,0,500});    ㊵
（中略）
  for (int i = 0; i < _models.size(); ++i)
  {
   [_models[i] updateDynamicBufferState];    ㊶
   [_models[i] transform:_projectionMatrix viewMatrix:viewMatrix];    ㊷
   [_models[i] encoder:renderEncoder];
  }
```

71

第2章 「RoxigaEngine」の開発

```
(中略)
- (void)mtkView:(nonnull MTKView *)view drawableSizeWillChange:(CGS
ize)size
{
 float aspect = size.width / (float)size.height;   ㊸
 _projectionMatrix = AAPL::Math::perspective_fov(65, aspect, 0.1f,
10000.0f);   ㊹
}
```

● 「プロパティ」の解説

プロパティ名	説　明
_projectionMatrix	プロジェクション行列。

● プログラム解説

㊱	「AAPLTransforms」の名前空間を宣言した「ヘッダ・ファイル」をインポート。
㊲	「ShaderTypes」の構造体を宣言した「ヘッダ・ファイル」をインポート。
㊳	「プロジェクション行列」の「_projectionMatrix」プロパティを宣言。
㊴	「Uniformsバッファ」をセット。
㊵	「ビュー行列」を「(X,Y,Z)=(0,0,500)」の位置に。
㊶	「Uniformバッファ」を更新。
㊷	モデルを変形。
㊸	「アスペクト比(画面幅/画面高さ)」を求める。
㊹	「透視射影行列」を「_projectionMatrix」プロパティに代入。

■「SampleModel.mm」のコーディング

　前節で作った「1個の三角形」の「3頂点の座標」を変更します。
　「SampleModel.mm」ファイルを開き、以下のようにコーディングしてください。

[2-5]「Uniformsバッファ」と「平行移動行列」

リスト 2-5-6　SampleModel.mm

```
_vertices = ㊺
{
 {
  100, 100,0,  ㊺
  -100, 100,0,  ㊺
  100,-100,0,  ㊺
 }
};
```

● プログラム解説

㊺	モデルの頂点座標(X,Y,Z)を3つ。

■「ShaderTypes.h」のコーディング

「エンコーダ」から「シェーダ」に渡す「プロジェクション行列」と「モデル・ビュー行列」の入った構造体を宣言します。

「ShaderTypes.h」は、以下のようにコーディングしてください。

リスト 2-5-7　ShaderTypes.h

```
#ifndef ShaderTypes_h
#define ShaderTypes_h

#import <simd/simd.h>  ㊻

typedef struct  ㊼
{
 simd::float4x4 projectionMatrix;  ㊼
 simd::float4x4 modelViewMatrix;  ㊼
} Uniforms;  ㊼

#endif
```

● プログラム解説

㊻	「simd」クラスを宣言したヘッダ・ファイルをインポート。
㊼	「プロジェクション行列」と「モデル・ビュー行列」を宣言した「Uniforms」構造体。

第2章 「RoxigaEngine」の開発

■「Shaders.metal」のコーディング

　三角形の頂点に「Uniforms」の「プロジェクション行列」と「モデル・ビュー行列」を乗算します。

　「Shaders.metal」ファイルを開き、以下のようにコーディングしてください。

リスト 2-5-8　Shaders.metal

```
（前略）
vertex ColorInOut vertexShader(device vertex_t* vertex_array [[ buffer(0) ]],
constant Uniforms& uniforms [[ buffer(2) ]],  ㊽
uint    vid [[ vertex_id ]])
{
 ColorInOut out;

 float4 position = float4(vertex_array[vid].position, 1.0);
 out.position = uniforms.projectionMatrix * uniforms.modelViewMatrix * position;  ㊾
```

● プログラム解説

㊽	㉗の「atIndex」が「2」番から、「Uniforms」構造体における「buffer」の「2」番に、「Uniformsバッファ」を送る。
㊾	頂点座標に「プロジェクション行列」と「モデル・ビュー行列」を乗算。

■ 実行結果

　では「Xcode9」の左上でMacに接続した実機を選択し、「▶」ボタンで「ビルドと実行」をしてください。

　すると右図のように三角形が表示されます。

図 2-5-1　三角形が表示された

[2-6]「カメラ」と「行列計算」

この節のまとめ

・三角形の頂点を「プロジェクション行列」と「ビュー行列」も考慮して、
カメラから見える画角でモデルを表示。
・「Uniforms バッファ」は、今までの「頂点バッファ」と違って、値が
変化することもあるので、「_uniformBufferOffset」「_uniformBuffer
Index」「_uniformBufferAddress」を使った面倒な処理なった。

2-6 「カメラ」と「行列計算」

この節では、カメラを使って視点から注視点を見る行列計算をします。

■「カメラ」について

カメラの行列は、以下のような式で計算して取得できます。

× ··········	外積。
eye ········	視点ベクトル (目の位置の座標)
center ·····	注視点ベクトル (目が目標とする座標)
up ········	上ベクトル (カメラの姿勢で上になる方向ベクトル)

のとき、

```
c = eye - center
c を正規化
a = up × c
a を正規化
b = c × a
```

とした場合、

$$
\begin{vmatrix}
ax & bx & cx & 0 \\
ay & by & cy & 0 \\
az & bz & cz & 0 \\
a{\cdot}eye & b{\cdot}eye & c{\cdot}eye & 1
\end{vmatrix}
$$

75

第2章 「RoxigaEngine」の開発

となります(「・」は内積を表わす)。

■「AAPLTransformas.h」のコーディング

3D行列計算する名前空間に、「lookAt」の宣言を追加します。

「AAPLETransforms.h」ファイルを開き、以下のようにコーディングしてください。

リスト 2-6-1　AAPLTransformas.h

```
namespace AAPL
{
 namespace Math
 {
(中略)
   simd::float4x4 lookAt(const simd::float3& eye,const simd::float3& ce
nter,const simd::float3& up);  ①
}
}
```

● プログラム解説

| ① | カメラを向ける4x4行列計算する「lookAt」関数を宣言。 |

■「AAPLTransforms.mm」のコーディング

「lookAt」の3D行列計算するための定義を追加します。

「AAPLTransforms.mm」ファイルを開き、以下のようにコーディングしてください。

リスト 2-6-2　AAPLTransforms.mm

```
(前略)
simd::float4x4 AAPL::Math::lookAt(const simd::float3& eye,const simd:
:float3& center,const simd::float3& up)  ②
{
 simd::float3 E = -eye;
 simd::float3 N = simd::normalize(center + E);
 simd::float3 U = simd::normalize(simd::cross(up, N));
 simd::float3 V = simd::cross(N, U);
```

76

[2-6]「カメラ」と「行列計算」

⤵

```
      simd::float4 P = 0.0f;
  simd::float4 Q = 0.0f;
  simd::float4 R = 0.0f;
  simd::float4 S = 0.0f;
      P.x = U.x;
  P.y = V.x;
  P.z = N.x;
      Q.x = U.y;
  Q.y = V.y;
  Q.z = N.y;
      R.x = U.z;
  R.y = V.z;
  R.z = N.z;
      S.x = simd::dot(U, E);
  S.y = simd::dot(V, E);
  S.z = simd::dot(N, E);
  S.w = 1.0f;
      return simd::float4x4(P, Q, R, S);
}
```

● プログラム解説

②　カメラの視点を「eye」引数から、注視点である「center」引数に向けて、上ベクトル「up」引数を元に行列を取得。

■「Renderer.h」のコーディング

「Metal」のレンダリングに、カメラの「視点」「注視点」「上ベクトル」のプロパティを追加します。

「Renderer.h」ファイルを開き、以下のようにコーディングしてください。

リスト 2-6-3　Renderer.h

```
（前略）
#import <simd/simd.h>   ③


@interface Renderer : NSObject <MTKViewDelegate>
{
@protected
  simd::float3 _eye;      ④
  simd::float3 _center;   ⑤
```

77

第2章 「RoxigaEngine」の開発

```
↱
 simd::float3 _up;  ⑥
 MTLClearColor _bgColor;
}
```

●「プロパティ」の解説

プロパティ名	説　明
_eye	カメラの視点ベクトル。
_center	カメラの注視点ベクトル。
_up	カメラの上ベクトル。

● プログラム解説

③	「simd」クラスを宣言した「ヘッダ・ファイル」のインポート。
④	「_eye」プロパティを宣言。
⑤	「_center」プロパティを宣言。
⑥	「_up」プロパティを宣言。

■ 「Renderer.mm」のコーディング

「Metal」レンダリングで、カメラの視線から「ビュー行列」を取得します。

「Renderer.mm」ファイルを開き、以下のようにコーディングしてください。

リスト 2-6-4　Renderer.mm

```
 - (void)drawInMTKView:(nonnull MTKView *)view
{
(中略)
 if(renderPassDescriptor != nil)
 {
  simd::float4x4 viewMatrix = AAPL::Math::lookAt(_eye,_center,_up);  ⑦
```

●「メソッド」の解説

メソッド名	説　明
lookAt	カメラ視線のメソッド。

[2-6]「カメラ」と「行列計算」

● プログラム解説

⑦	「lookAt」メソッドから4行4列のビュー行列を取得。

■「RoxigaMain.mm」のコーディング

このファイルでゲームを作るときの、カメラでの「視点」「注視点」「上ベクトル」をセットします。

「RoxigaMain.mm」ファイルを開き、以下のようにコーディングしてください。

リスト 2-6-5　RoxigaMain.mm

```
(前略)
- (void)drawInMTKView:(nonnull MTKView *)view
{
_eye    = {0.0, 200.0, -500.0};  ⑧
_center = {0, 100, 0};  ⑨
_up     = {0.0, 1.0, 0.0};  ⑩

[super drawInMTKView:view];
}
```

● プログラム解説

⑧	カメラの視点ベクトルを「(X,Y,Z)=(0.0, 200.0, -500.0)」に。
⑨	カメラの注視点ベクトルを「(X,Y,Z)=(0, 100, 0)」に。
⑩	カメラの上ベクトルを「(X,Y,Z)=(0.0, 1.0, 0.0)に」。

■ 実行結果

では「Xcode9」の左上でMacに接続した実機を選択し、「▶」ボタンで「ビルドと実行」をしてください。

すると右図のように三角形が表示されます。

79

第2章 「RoxigaEngine」の開発

図 2-6-1　三角形が表示された

この節のまとめ

・カメラの概念を追加して、「lookAt」関数から取得した4x4行列を「ビュー行列」とした。

2-7　「回転」と「スケーリング」

この節では、モデルを「回転」させます。
さらに、「スケーリング」の関数も追加します。

■ 回転行列

「X軸」に回転する行列は、以下のような計算になります。

$$\begin{vmatrix} 1 & 0 & 0 & 0 \\ 0 & \cos x & \sin x & 0 \\ 0 & \sin x & \cos x & 0 \\ 0 & 0 & 0 & 1 \end{vmatrix}$$

[2-7] 「回転」と「スケーリング」

「Y軸」に回転する行列は以下のような計算になります。

$$\begin{vmatrix} \cos y & 0 & \sin y & 0 \\ 0 & 1 & 0 & 0 \\ \sin y & 0 & \cos y & 0 \\ 0 & 0 & 0 & 1 \end{vmatrix}$$

Z軸に回転する行列は以下のような計算になります。

$$\begin{vmatrix} \cos z & \sin z & 0 & 0 \\ \sin z & \cos z & 0 & 0 \\ 0 & 0 & 1 & 0 \\ 0 & 0 & 0 & 1 \end{vmatrix}$$

■ スケーリング行列

拡大縮小させる「スケーリング行列」は、以下のような計算になります。

$$\begin{vmatrix} x & 0 & 0 & 0 \\ 0 & y & 0 & 0 \\ 0 & 0 & z & 0 \\ 0 & 0 & 0 & 1 \end{vmatrix}$$

第2章 「RoxigaEngine」の開発

■「AAPLTransforms.h」のコーディング

3D行列計算のために、「scale」「rotateX」「rotateY」「rotateZ」の宣言を追加します。

「AAPLTransforms.h」ファイルを開き、以下のようにコーディングしてください。

リスト 2-7-1　AAPLTransforms.h

```
namespace AAPL
{
 namespace Math
 {
  simd::float4x4 scale(const simd::float3& s);    ①
  simd::float4x4 rotateX(const float& angle);     ②
  simd::float4x4 rotateY(const float& angle);     ③
  simd::float4x4 rotateZ(const float& angle);     ④
```

●「メソッド」の解説

メソッド名	説　明
scale	拡大縮小のメソッド。
rotateX	X軸に回転。
rotateY	Y軸に回転。
rotateZ	Z軸に回転。

● プログラム解説

①	「scale」メソッドを宣言。
②	「rotateX」メソッドの追加。
③	「rotateY」メソッドの追加。
④	「rotateZ」メソッドの追加。

■「AAPLTransforms.mm」のコーディング

3D行列計算のために、「scale」「rotateX」「rotateY」「rotateZ」の定義を追加します。

「AAPLTransforms.mm」ファイルを開き、以下のようにコーディング

[2-7] 「回転」と「スケーリング」

してください。

リスト 2-7-2　AAPLTransforms.mm

```
（前略）
simd::float4x4 AAPL::Math::scale(const simd::float3& s)   ⑤
{
 simd::float4 v = {s.x, s.y, s.z, 1.0f};
      return simd::float4x4(v);
}

simd::float4x4 AAPL::Math::rotateX(const float& degeree)   ⑥
{
 simd::float4 P = {1.0f,0,0,0};
 simd::float4 Q = {0,1.0f,0,0};
 simd::float4 R = {0,0,1.0f,0};
 simd::float4 S = {0,0,0,1.0f};
 float angle = radians(degeree);
 float s = sin(angle);
 float c = cos(angle);
 float a10 = 0;
 float a11 = 1;
 float a12 = 0;
 float a13 = 0;
 float a20 = 0;
 float a21 = 0;
 float a22 = 1;
 float a23 = 0;

 P.y = a10 * c + a20 * s;
 Q.y = a11 * c + a21 * s;
 R.y = a12 * c + a22 * s;
 S.y = a13 * c + a23 * s;

 P.z = a10 * -s + a20 * c;
 Q.z = a11 * -s + a21 * c;
 R.z = a12 * -s + a22 * c;
 S.z = a13 * -s + a23 * c;

 return simd::float4x4(P, Q, R, S);
}

simd::float4x4 AAPL::Math::rotateY(const float& degeree)   ⑦
{
```

第2章 「RoxigaEngine」の開発

```
    simd::float4 P = {1.0f,0,0,0};
    simd::float4 Q = {0,1.0f,0,0};
    simd::float4 R = {0,0,1.0f,0};
    simd::float4 S = {0,0,0,1.0f};
    float angle = radians(degeree);
    float s = sin(angle);
    float c = cos(angle);
    float a00 = 1;
    float a01 = 0;
    float a02 = 0;
    float a03 = 0;
    float a20 = 0;
    float a21 = 0;
    float a22 = 1;
    float a23 = 0;

    P.x = a00 * c + a20 * -s;
    Q.x = a01 * c + a21 * -s;
    R.x = a02 * c + a22 * -s;
    S.x = a03 * c + a23 * -s;

    P.z = a00 * s + a20 * c;
    Q.z = a01 * s + a21 * c;
    R.z = a02 * s + a22 * c;
    S.z = a03 * s + a23 * c;

    return simd::float4x4(P, Q, R, S);
}
simd::float4x4 AAPL::Math::rotateZ(const float& degeree)   ⑧
{
    simd::float4 P = {1.0f,0,0,0};
    simd::float4 Q = {0,1.0f,0,0};
    simd::float4 R = {0,0,1.0f,0};
    simd::float4 S = {0,0,0,1.0f};
    float angle = radians(degeree);
    float s = sin(angle);
    float c = cos(angle);
    float a00 = 1;
    float a01 = 0;
    float a02 = 0;
    float a03 = 0;
    float a10 = 0;
```

[2-7] 「回転」と「スケーリング」

```
float a11 = 1;
float a12 = 0;
float a13 = 0;

P.x = a00 * c + a10 * s;
Q.x = a01 * c + a11 * s;
R.x = a02 * c + a12 * s;
S.x = a03 * c + a13 * s;

P.y = a00 * -s + a10 * c;
Q.y = a01 * -s + a11 * c;
R.y = a02 * -s + a12 * c;
S.y = a03 * -s + a13 * c;

return simd::float4x4(P, Q, R, S);
}
```

● プログラム解説

⑤	float3のXYZで拡大縮小する「scale」メソッド。
⑥	「degree」度でX軸回転する「rotateX」メソッド。
⑦	「degree」度でY軸回転する「rotateY」メソッド。
⑧	「degree」度でZ軸回転する「rotateZ」メソッド。

■ 「RoxigaModel.h」のコーディング

モデルを「平行移動」「回転」「スケーリング」するためのプロパティを宣言します。

「RoxigaModel.h」ファイルを開き、以下のようにコーディングしてください。

リスト 2-7-3　RoxigaModel.h

```
@interface RoxigaModel : NSObject
{
@protected
（中略）
@public  ⑨
 bool _visible;  ⑩
 simd::float3 _translation;  ⑪
```

第2章 「RoxigaEngine」の開発

```
simd::float3 _rotation;   ⑫
simd::float3 _scaling;    ⑬
}
```

●「プロパティ」の解説

プロパティ名	説　明
_visible	モデルの可視・不可視。
_translation	平行移動ベクトル。
_rotation	回転ベクトル。
_scaling	スケーリングベクトル。

● プログラム解説

⑨	どこからでもプロパティを参照できるように宣言 (public)。
⑩	「_visible」プロパティを宣言。
⑪	「_translation」プロパティを宣言。
⑫	「_rotation」プロパティを宣言。
⑬	「_scaling」プロパティを宣言。

■「RoxigaModel.mm」のコーディング

　モデルの「平行移動」「回転」「スケーリング行列」を取得して、それらを「ビュー行列」に掛けて、「モデル・ビュー行列」にします。

　「RoxigaModel.mm」ファイルを開き、以下のようにコーディングしてください。

リスト 2-7-4　RoxigaModel.mm

```
（前略）
#import "AAPLTransforms.h"   ⑭
#import <simd/simd.h>   ⑮
（中略）
- (instancetype) initWithDevice:(id <MTLDevice>)device
{
（中略）
_visible = true;   ⑯
_translation = {0.0f,0.0f,0.0f};   ⑰
```

[2-7]「回転」と「スケーリング」

```
  _rotation = {0.0f,0.0f,0.0f};  ⑱
  _scaling = {1.0f,1.0f,1.0f};  ⑲
 return self;
}
(中略)
-(void)transform:(simd::float4x4)projectionMatrix viewMatrix:(simd::
float4x4)viewMatrix
{
 _uniforms = (Uniforms*)_uniformBufferAddress;
 _uniforms->projectionMatrix = projectionMatrix;

 simd::float4x4 translate = AAPL::Math::translate(_translation);  ⑳
 simd::float4x4 rotateX = AAPL::Math::rotateX(_rotation.x);  ㉑
 simd::float4x4 rotateY = AAPL::Math::rotateY(_rotation.y);  ㉒
 simd::float4x4 rotateZ = AAPL::Math::rotateZ(_rotation.z);  ㉓
 simd::float4x4 scale = AAPL::Math::scale(_scaling);  ㉔
 simd::float4x4 matrix = rotateX * scale;  ㉕
 matrix = rotateY * matrix;  ㉖
 matrix = rotateZ * matrix;  ㉗
 matrix = translate * matrix;  ㉘
 matrix = viewMatrix * matrix;  ㉙
 _uniforms->modelViewMatrix = matrix;  ㉚
}
```

● プログラム解説

⑭	「AAPLTransforms」の名前空間を宣言した「ヘッダ・ファイル」のインポート。
⑮	「simd」クラスを宣言した「ヘッダ・ファイル」のインポート。
⑯	「_visible」プロパティを可視に。
⑰	平行移動ベクトル「_translation」に「(X,Y,Z)=(0.0f,0.0f,0.0f)」を代入。
⑱	回転ベクトル「_rotation」に「(X,Y,Z)=(0.0f,0.0f,0.0f)」を代入。
⑲	スケーリングベクトル「_scaling」に「(X,Y,Z)=(1.0f,1.0f,1.0f)」を代入。
⑳	「_translation」ベクトルから「平行移動行列」を取得し、「translate」変数に代入。
㉑	「_rotation.x」ベクトルから「X回転行列」を取得し、「rotateX」変数に代入。
㉒	「_rotation.y」ベクトルから「Y回転行列」を取得し、「rotateY」変数に代入。
㉓	「_rotation.z」ベクトルから「Z回転行列」を取得し、「rotateZ」変数に代入。
㉔	「_scaling」ベクトルから「スケーリング行列」を取得し、「scale」変数に代入。
㉕	「rotateX」変数と「scale」変数を乗算した結果を「matrix」変数に代入。

87

第2章 「RoxigaEngine」の開発

㉖	「rotateY」変数と「matrix」変数を乗算した結果を「matrix」変数に代入。
㉗	「rotateZ」変数と「matrix」変数を乗算した結果を「matrix」変数に代入。
㉘	「translate」変数と「matrix」変数を乗算した結果を「matrix」変数に代入。
㉙	「viewMatrix」変数と「matrix」変数を乗算した結果を「matrix」変数に代入。
㉚	シェーダに渡すことになるモデル・ビュー行列に「matrix」変数を代入。

■「RoxigaMain.mm」のコーディング

　ゲームを作るときに、メインでコードを書くクラス「RoxigaMain」で、モデルを回転します。

　「RoxigaMain.mm」ファイルを開き、以下のようにコーディングしてください。

リスト 2-7-5　RoxigaMain.mm

```
- (void)drawInMTKView:(nonnull MTKView *)view
{
 _eye    = {0.0, 200.0, -500.0};
 _center = {0, 100, 0};
 _up     = {0.0, 1.0, 0.0};

 _model->_rotation.y += 6;   ㉛
 if (_model->_rotation.y >= 360)   ㉜
 {
  _model->_rotation.y -= 360;   ㉝
 }
 [super drawInMTKView:view];
}
```

● プログラム解説

㉛	三角形モデルの回転角度を毎フレーム6ずつ加算。
㉜	モデルの回転角度が360以上になった場合。
㉝	モデルの回転角度を360度減算。

88

[2-7]「回転」と「スケーリング」

■ 実行結果

では「Xcode9」の左上でMacに接続した実機を選択し、「▶」ボタンで「ビルドと実行」をしてください。

すると、右図のように三角形が回転します。

図 2-7-1　回転する三角形

この節のまとめ

・「回転行列」と「スケーリング行列」を実装して、モデルの三角形を回転させた。

第2章　「RoxigaEngine」の開発

2-8 「フラグメント・シェーダ」と「色バッファ」

　この節では、「フラグメント・シェーダ」と「色バッファ」の関係について解説します。

■「フラグメント・シェーダ」と「色バッファ」の関係

　「色バッファ」で、面のディフューズ色を指定します。

　「色バッファ」を使って、プログラムから「フラグメント・シェーダ」に色の情報を送って、面の色を決定します。

＊

　「色のデータ」は「setMaterial」メソッドで「テクスチャ」をセットします。

　その「色データ」を「setColor」メソッドで「色バッファ」にセットします。

　そして「encoder」を使って、「setFragmentBuffer」メソッドにおける「atIndex」引数の「0」番から、「フラグメント・シェーダ」の「buffer」引数の「0」番に「色バッファ」を渡します。

　「色バッファ」は赤色です。

■「RoxigaModel.h」のコーディング

　モデルの「色」と「テクスチャ」のデータに関する「プロパティ」と「メソッド」を追加します。

　「RoxigaModel.h」ファイルを開き、以下のようにコーディングしてください。

リスト 2-8-1　RoxigaModel.h

```
@interface RoxigaModel : NSObject
{
@protected
  std::vector<id<MTLBuffer>> _colorBuffer;     ①
  std::vector<NSString*> _textureName;         ②
  std::vector<simd::float4> _diffuse;          ③
(中略)
- (void)setMaterial:(NSString*)texture r:(float)red g:(float)green b:
```

90

[2-8]「フラグメント・シェーダ」と「色バッファ」

```
(float)blue a:(float)alpha;     ④
- (void)setColor:(id <MTLDevice>)device;   ⑤
@end
```

●「メソッド」と「プロパティ」の解説

メソッド名	説　明
setMaterial	色とテクスチャのマテリアルをセットするメソッド。
setColor	「色バッファ」をセットするメソッド。

プロパティ名	説　明
_colorBuffer	色バッファ。
_textureName	テクスチャ名。
_diffuse	ディフューズ色。

● 用語解説

・ディフューズ色…拡散光の色。
・マテリアル…「材質」のことで、主に色とテクスチャで構成される。

● プログラム解説

①	「_colorBuffer」プロパティを宣言。
②	「_textureName」プロパティを宣言。
③	「_diffuse」プロパティを宣言。
④	「setMaterial」メソッドを宣言。
⑤	「setColor」メソッドを宣言。

■「RoxigaModel.mm」のコーディング

　テクスチャと色のデータを配列にセットしたり、「色バッファ」をセットしたり、エンコーダで「フラグメント・シェーダ」に「色バッファ」を送ったります。

　「RoxigaModel.mm」ファイルを開き、以下のようにコーディングしてください。

第2章 「RoxigaEngine」の開発

リスト 2-8-2 RoxigaModel.mm

```
- (void)setMaterial:(NSString*)texture r:(float)red g:(float)green b:
(float)blue a:(float)alpha  ⑥
{
 _textureName.push_back(texture);  ⑦
 if (texture.length > 0) red = -1;  ⑧
 simd::float4 diffuse = {red,green,blue,alpha};  ⑨
 _diffuse.push_back(diffuse);  ⑩
}

- (void)setColor:(id <MTLDevice>)device  ⑪
{
 for ( int i = 0; i < _diffuse.size(); ++i )  ⑫
 {
  _colorBuffer.push_back([device newBufferWithBytes:&_diffuse[i] le
ngth:uint32_t(4 * sizeof(float)) options:MTLResourceOptionCPUCacheMo
deDefault]);  ⑬
  if(!_colorBuffer.back())  ⑭
  {
   NSLog(@"Error creating color buffer");  ⑮
  }
 }
}
```
（中略）
```
-(void)encoder:(id <MTLRenderCommandEncoder>)renderEncoder
{
 if (!_visible) return;  ⑯
 for ( int i = 0; i < _vertexSize.size(); ++i)
 {
  if ( _vertexSize[i] <= 0 ) continue;
  [renderEncoder setVertexBuffer:_vertexBuffer[i] offset:0 atInd
ex:0];
  [renderEncoder setVertexBuffer:_dynamicUniformBuffer offset:_unif
ormBufferOffset atIndex:2];
  [renderEncoder setFragmentBuffer:_colorBuffer[i] offset:0 atInd
ex:0];  ⑰
```

● プログラム解説

⑥	テクスチャと色のデータを「vector」配列にセットする「setMaterial」メソッドを定義。

92

[2-8] 「フラグメント・シェーダ」と「色バッファ」

⑦	配列「_textureName」プロパティの最後に「texture」変数を追加。
⑧	テクスチャが存在する場合、「red = -1」にして、「フラグメント・シェーダ」の中で「色情報」は使わずにテクスチャで色をセットするように。
⑨	「diffuse」変数に(R,G,B,A)を代入。
⑩	配列「_diffuse」プロパティの最後に「diffuse」変数を追加。
⑪	「色バッファ」をセットする「setColor」メソッドの定義。
⑫	「i」変数が「0」〜「_diffuseの配列数」の間で、「for」ループ。
⑬	配列「_colorBuffer」プロパティの最後に「色情報」を追加。
⑭	配列「_colorBuffer」プロパティの最後の要素が「ヌル」の場合。
⑮	「カラーバッファを作成中のエラー」というログを出力。
⑯	「_visible」プロパティが不可視の場合、「encoder」メソッドを抜け出す。
⑰	「setFragmentBuffer」メソッドの「atIndex」引数の「0」番目から、「フラグメント・シェーダ」の⑳の「buffer」引数の「0」番に、「色バッファ」を送る。

■「SampleModel.mm」のコーディング

「モデルデータ」である「SampleModel.mm」で、、「テクスチャ無し」で「赤色の色データ」をセットします。

「SampleModel.mm」ファイルを開き、以下のようにコーディングしてください。

リスト 2-8-3　SampleModel.mm

```
（前略）
[super setMaterial:@"" r:1 g:0 b:0 a:1.0000];   ⑱
return [super initWithDevice: device];
}
@end
```

● プログラム解説

⑱	親クラス「RoxigaModel」の「setMaterial」メソッドにテクスチャではなく、赤色(R,G,B,A)=(1,0,0,1.000)をセット。

第2章 「RoxigaEngine」の開発

■ 「Renderer.mm」のコーディング

「Metal」レンダリングのモデルを読み込むときの「エラー検出」と、「色バッファ」のセットをします。

「Renderer.mm」ファイルを開き、以下のようにコーディングしてください。

リスト 2-8-4　Renderer.mm

```
- (RoxigaModel*) loadModel:(id)model
{
 RoxigaModel* instance = [model initWithDevice:_device];
 if(!instance)  ⑲
 {
  NSLog(@"ERROR: Failed creating a object!");  ⑳
  assert(0);  ㉑
 }
 [instance setColor:_device];  ㉒
 [instance setUniformBuffer:_device];
 _models.push_back(instance);
 return instance;
}
```

● プログラム解説

⑲	もし「instance」が「ヌル」の場合。
⑳	「エラー：オブジェクトの作成に失敗した！」とログを出力する。
㉑	プログラムを抜け出す。
㉒	「色バッファ」をセット。

■ 「Shaders.metal」のコーディング

「フラグメント・シェーダ」で「色データ」を受け取り、その色をセットします。

「Shaders.metal」ファイルを開き、以下のようにコーディングしてください。

94

[2-8]「フラグメント・シェーダ」と「色バッファ」

リスト 2-8-5　Shaders.metal

```
fragment float4 fragmentShader(ColorInOut in [[stage_in]],    ㉓
 const constant float4& diffuse [[buffer(0)]])    ㉔
{
  return float4(diffuse);    ㉕
}
```

● プログラム解説

㉓	「フラグメント・シェーダ」関数の定義。
㉔	⑰の「atIndex」の「0」番目から、「buffer」の「0」番目に「色バッファ」受け取る。
㉕	「diffuse」色をセット。

■ 実行結果

では「Xcode9」の左上でMacに接続した実機を選択し、「▶」ボタンで「ビルドと実行」をしてください。

すると右図のように赤い三角形が回転します。

図 2-8-1　赤い三角形が回転

この節のまとめ

・色データを「setMaterial」メソッドで読み込み、「色バッファ」に「setColor」メソッドで色データをセット。
・エンコーダで「フラグメント・シェーダ」に「色バッファ」を送って三角形を赤色に指定。

第2章 「RoxigaEngine」の開発

2-9　頂点データに法線を追加

この節では、「頂点データ」に「法線」を加える方法を解説をします。
また「法線行列」の計算の仕方を解説します。

■「法線」と「法線行列」

「法線」とは、「ポリゴン面に垂直なベクトル」で、「面の向き」を表わすのに使います。

「ライト（光源）の方向ベクトル」と「法線ベクトル」の「内積」が、2つのベクトルが平行に近いほど「1」に近づきます。

面の色は、この内積の結果から「1」に近いほど元の色の明るさに近づき、「0」に近いほど暗くなります。

また「法線行列」は、カメラの向きが変わっても、「法線の向き」も追従するようにすることで、カメラでモデルの後ろから見ても、同じ明暗になるように計算します。

■「SampleModel.mm」のコーディング

頂点に「座標データ」に加え、「法線データ」を追加します。
「SampleModel.mm」ファイルを開き、以下のようにコーディングしてください。

リスト 2-9-1　SampleModel.mm

```
_vertices =
{
 {
  100, 100,0,0,0,1,    ①
  -100, 100,0,0,0,1,   ②
  100,-100,0,0,0,1,    ③
 }
};
```

[2-9] 頂点データに法線を追加

● プログラム解説

①	座標「(X,Y,Z)=(100,100,0)」と法線「(NX,NY,NZ)=(0,0,1)」の6個の「float」データ型で、1行につき1頂点のデータ。
②	座標「(X,Y,Z)=(-100,100,0)」と法線「(NX,NY,NZ)=(0,0,1)」の6個の「float」データ型で、1行につき1頂点のデータ。
③	座標「(X,Y,Z)=(100,-100,0)」と法線「(NX,NY,NZ)=(0,0,1)」の6個の「float」データ型で、1行につき1頂点のデータ。

■「RoxigaModel.mm」のコーディング

法線行列「normalMatrix」プロパティを「Uniformsバッファ」に加えます。

「RoxigaModel.mm」ファイルを開き、以下のようにコーディングしてください。

リスト 2-9-2 RoxigaModel.mm

```
- (instancetype) initWithDevice:(id <MTLDevice>)device
{
 self = [super init];
 for (int i = 0; i < _vertices.size(); ++i )
 {
  _vertexBuffer.push_back([device newBufferWithBytes:_vertices[i].
data() length:uint32_t(_vertices[i].size() * sizeof(float)) options:
MTLResourceOptionCPUCacheModeDefault]);
  _vertexSize.push_back(uint32_t(_vertices[i].size()/6));   ④
 }
(中略)
-(void)transform:(simd::float4x4)projectionMatrix viewMatrix:(simd::
float4x4)viewMatrix
{
(中略)
 _uniforms->modelViewMatrix = matrix;

 simd::float3x3 normalMatrix = AAPL::Math::toFloat3x3(matrix_invert(
matrix));   ⑤
 normalMatrix = matrix_transpose(normalMatrix);   ⑥
 _uniforms->normalMatrix = normalMatrix;   ⑦
}
```

第2章　「RoxigaEngine」の開発

● プログラム解説

④	1頂点のデータが①の1行で、「6」要素あるので、「_verticesの配列数」を6で除算したら頂点数が求まる。
⑤	「モデル・ビュー行列」を「matrix_invert」関数で「matrix」変数の逆行列を求める。
⑥	「matrix_transpose」で関数で「normalMatrix」変数の行列の行と列の要素を入れ替える。
⑦	「_uniforms」プロパティの「normalMatrix」プロパティに法線行列を代入。

■「ShaderTypes.h」のコーディング

「Uniforms」構造体に「法線行列」プロパティを追加します。

「ShaderTypes.h」ファイルを開き、以下のようにコーディングしてください。

リスト 2-9-3　ShaderTypes.h

```
typedef struct
{
 simd::float4x4 projectionMatrix;
 simd::float4x4 modelViewMatrix;
 simd::float3x3 normalMatrix;    ⑧
} Uniforms;
```

● プログラム解説

⑧	「Uniforms」構造体に「normalMatrix(法線行列)」プロパティを宣言。

■「AAPLTransforms.h」のコーディング

4x4行列を3x3行列に変換します。

「AAPLTransforms.h」ファイルを開き、以下のようにコーディングしてください。

[2-9] 頂点データに法線を追加

リスト 2-9-4　AAPLTransforms.h

```
namespace AAPL
{
  namespace Math
  {
    simd::float3x3 toFloat3x3(simd::float4x4 f44);   ⑨
```

● プログラム解説

⑨	4x4行列から3x3行列を取り出す「toFloat3x3」メソッドを宣言。

■ 「AAPLTransforms.mm」のコーディング

「4x4行列」の「3x3行列」のぶんの要素を取得します。

「AAPLTransforms.mm」ファイルを開き、以下のようにコーディングしてください。

リスト 2-9-5　AAPLTransforms.mm

```
（前略）
simd::float3x3 AAPL::Math::toFloat3x3(simd::float4x4 f44)   ⑩
{
  simd::float3 P = f44.columns[0].xyz;
  simd::float3 Q = f44.columns[1].xyz;
  simd::float3 R = f44.columns[2].xyz;
  return simd::float3x3(P, Q, R);
}
```

● プログラム解説

⑩	4x4行列の要素の左上から3x3のぶんだけ行列の要素を減らして取得。

■ 「Shaders.metal」のコーディング

色に「法線」を反映すると、「面の向き」と「光源の向き」次第で、ポリゴン面にグラデーションの明暗がつきます。

「Shaders.metal」ファイルを開き、以下のようにコーディングしてください。

99

第2章 「RoxigaEngine」の開発

リスト 2-9-6　Shaders.metal

```
typedef struct
{
 packed_float3 position;
 packed_float3 normal; ⑪
} vertex_t;
struct ColorInOut
{
 float4 position [[position]];
 float3 transformedNormal; ⑫
};

vertex ColorInOut vertexShader(device vertex_t* vertex_array [[ buf
fer(0) ]],
constant Uniforms& uniforms [[ buffer(2) ]],
uint vid [[ vertex_id ]])
{
 ColorInOut out;

 float4 position = float4(vertex_array[vid].position, 1.0);
 out.position = uniforms.projectionMatrix * uniforms.modelViewMatr
ix * position;
 out.transformedNormal = matrix_float3x3(uniforms.normalMatrix) * ve
ctor_float3(vertex_array[vid].normal); ⑬

 return out;
}

fragment float4 fragmentShader(ColorInOut in [[stage_in]],
const constant float4& diffuse [[buffer(0)]])
{
 float3 lightDirection = normalize(float3(-400,-200,-500)); ⑭
 float3 normal = normalize(in.transformedNormal); ⑮
 float lightWeighting = dot(normal,lightDirection); ⑯
 return float4(diffuse*lightWeighting); ⑰
}
```

● プログラム解説

⑪	packed_floatが3つで「normal(法線)」の(NX,NY,NZ)を宣言。①～③のそれぞれ1行が「position」の(X,Y,Z)と「法線」の(NX,NY,NZ)で、1頂点が6つの要素になる。

100

[2-9] 頂点データに法線を追加

⑫	「変形後の法線ベクトル」の「transformedNormal」変数を宣言。
⑬	「法線行列」に頂点の法線を乗算して、「変形後の法線ベクトル」を算出している。
⑭	ライトの向きベクトルを「正規化」(長さが1になるように算出したもの)して「lightDirection」変数に代入。
⑮	「ColorInOut in [[stage_in]]」で頂点シェーダから「フラグメント・シェーダ」に送られた「変形後の法線ベクトル」を正規化して、「normal」変数に代入。
⑯	「normal」と「lightDirection」の内積(dot)が、法線と光線の向きのギャップ「lightWeighting」になる。
⑰	ディフューズ色に「lightWeighting」を乗算することで色の明暗が決まる。

■ 実行結果

では「Xcode9」の左上でMacに接続した実機を選択し、「▶」ボタンで「ビルドと実行」をしてください。

すると右図のように法線で陰影がグラデーションした三角形が表示されます。

図 2-9-1　グラデーションした三角形

この節のまとめ

・「法線」を求めることで、面の向きとライトの向きからポリゴンの明暗をグラデーションさせた。
・また「法線行列」でどのカメラアングルからでもライトの当たり方が一定になるようにした。

第2章 「RoxigaEngine」の開発

2-10 「テクスチャ」と「UV座標」「サンプラー」

この節では、「テクスチャ」「UV座標」「サンプラー」を解説します。

■「テクスチャ」と「UV座標」と「サンプラー」

「テクスチャ」とは、3Dポリゴンの表面に貼るシールのような2D画像のことです。

「png」や「jpg」「bmp」ファイルなどです。

「UV座標」とは、どこにテクスチャのどの位置を貼るかを指定する座標のことです。

「サンプラー」とは、テクスチャをタイル状に繰り返すか指定したり、UV座標を線形にするかなど詳細を決めるものです。

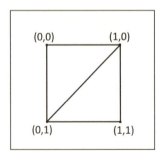

図2-10-1　2個の三角形ポリゴンでUV座標の例

《手順》テクスチャファイルの追加

[1]「Assets」フォルダから「Burberry.png」ファイルを「RoxigaEngine」フォルダにコピー。

[2]「Xcode9」の左の「Project Navigator」で、「RoxigaEngine」フォルダを「右クリック・メニュー」の「Add Files to "RoxigaEngine"」で「Burberry.png」ファイルを追加。

[2-10] 「テクスチャ」と「UV座標」「サンプラー」

■ 「SampleModel.mm」のコーディング

まずは頂点データにUV座標を追加します。

「SampleModel.mm」ファイルを開き、以下のようにコーディングして
ください。

リスト 2-10-1　SampleModel.mm

```
_vertices =
{
 {
  100, 100,0,0,0,1,0,0,    ①
  -100, 100,0,0,0,1,1,0,   ②
  100,-100,0,0,0,1,0,1,    ③
 }
};
[super setMaterial:@"Burberry.png" r:0.9255 g:0.8353 b:0.6588
a:1.0000];   ④
```

● プログラム解説

①	頂点座標「(X,Y,Z)=(100,100,0)」、法線「(NX,NY,NZ)=(0,0,1)」、UV座標「(U,V)=(0.0)」の8つで1頂点。
②	頂点座標「(X,Y,Z)=(100,100,0)」、法線「(NX,NY,NZ)=(0,0,1)」、UV座標「(U,V)=(1.0)」の8つで1頂点。
③	頂点座標「(X,Y,Z)=(100,-100,0)」、法線「(NX,NY,NZ)=(0,0,1)」、UV座標「(U,V)=(0.1)」の8つで1頂点。
④	親クラスの「setMaterial」メソッドにテクスチャ名「Burberry.png」とRGBA値をセット。

■ 「RoxigaModel.h」のコーディング

テクスチャのプロパティとメソッドを宣言します。

「RoxigaModel.h」ファイルを開き、以下のようにコーディングしてく
ださい。

103

第2章　「RoxigaEngine」の開発

リスト 2-10-2　RoxigaModel.h

```
@interface RoxigaModel : NSObject
{
@protected
 std::vector<id <MTLTexture>> _texture;  ⑤
(中略)
- (void)setTexture:(id <MTLDevice>)device;  ⑥
```

● プログラム解説

⑤	「MTLTexture」クラスの配列「_texture」プロパティを宣言。
⑥	テクスチャをセットする「setTexture」メソッドを宣言。

■ 「RoxigaModel.mm」のコーディング

　次に、「テクスチャ」を読み込み、エンコーダで「フラグメント・シェーダ」に渡します。

　「RoxigaModel.mm」ファイルを開き、以下のようにコーディングしてください。

リスト 2-10-3　RoxigaModel.mm

```
- (instancetype) initWithDevice:(id <MTLDevice>)device
{
 self = [super init];
 for (int i = 0; i < _vertices.size(); ++i )
 {
  _vertexBuffer.push_back([device newBufferWithBytes:_vertices[i].
data() length:uint32_t(_vertices[i].size() * sizeof(float)) options:
MTLResourceOptionCPUCacheModeDefault]);
  _vertexSize.push_back(uint32_t(_vertices[i].size()/8));  ⑦
 }
(中略)
- (void)setTexture:(id <MTLDevice>)device  ⑧
{
 NSError *error;  ⑨
 MTKTextureLoader* textureLoader = [[MTKTextureLoader alloc] initWi
thDevice:device];  ⑩
 for ( int i = 0; i < _textureName.size(); ++i )  ⑪
 {
```

104

[2-10] 「テクスチャ」と「UV座標」「サンプラー」

⮌

```
  if (_textureName[i].length > 0)  ⑫
  {
    NSString *path = [[NSBundle mainBundle] pathForResource:_texture
Name[i] ofType:@""];  ⑬
    _texture.push_back([textureLoader newTextureWithContentsOfURL:[N
SURL fileURLWithPath:path] options:nil error:&error]);  ⑭
    if(!_texture[i] || error)  ⑮
    {
      NSLog(@"Error creating texture %@", error.localizedDescripti
on);  ⑯
    }
  }
  else  ⑰
  {
    _texture.push_back(nil);  ⑱
  }
  }
}
(中略)
-(void)encoder:(id <MTLRenderCommandEncoder>)renderEncoder
{
 if (!_visible) return;
 for ( int i = 0; i < _vertexSize.size(); ++i)
 {
  if ( _vertexSize[i] <= 0 ) continue;
   [renderEncoder setVertexBuffer:_vertexBuffer[i] offset:0 atInd
ex:0];
   [renderEncoder setVertexBuffer:_dynamicUniformBuffer offset:_unif
ormBufferOffset atIndex:2];
  if ( _textureName[i].length > 0 )  ⑲
  {
   [renderEncoder setFragmentTexture:_texture[i] atIndex:0];  ⑳
  }
```

● プログラム解説

⑦	頂点データを①において8つで1頂点だったので、「_verticesの配列数」を「8」で除算した値が頂点数になる。
⑧	テクスチャをセットするメソッドの定義。
⑨	エラーデータを入れるerror変数。

105

第2章 「RoxigaEngine」の開発

⑩	テクスチャ読み込みに使う「MTKTextureLoader」クラスのインスタンスを生成し「textureLoader」変数に代入している。
⑪	「i」変数が「0」～「テクスチャの数」の間「for」ループ。
⑫	テクスチャ名が存在する場合。
⑬	テクスチャ名をリソースから読み込む際のパスを「path」変数に代入。
⑭	パスから読み込んだテクスチャを「_texture」配列の最後に追加。
⑮	テクスチャが「ヌル」であるかエラーが出た場合。
⑯	「テクスチャ作成時にエラー」のログを出力。
⑰	⑫ではなかった場合。
⑱	「_texuture」配列の最後に「ヌル」を追加。
⑲	テクスチャが存在した場合。
⑳	「setFragmentTexture」メソッドで「atIndex」の「0」番に、㉝の「フラグメント・シェーダ」の引数の「texture」の「0」番にテクスチャを渡す。

■「Renderer.mm」のコーディング

「サンプラー」を設定し、「フラグメント・シェーダ」に渡します。

「Renderer.mm」ファイルを開き、以下のようにコーディングしてください。

リスト 2-10-4 Renderer.mm

```
@implementation Renderer
{
 id<MTLSamplerState> _sampler;    ㉑
(中略)
- (RoxigaModel*) loadModel:(id)model
{
 RoxigaModel* instance = [model initWithDevice:_device];
 if(!instance)
 {
  NSLog(@"ERROR: Failed creating a object!");
  assert(0);
 }
 [instance setTexture:_device];    ㉒
```

106

[2-10] 「テクスチャ」と「UV座標」「サンプラー」

```
(中略)
}
- (void)loadMetalWithView:(nonnull MTKView *)view;
{
(中略)
 MTLSamplerDescriptor *samplerDescriptor = [[MTLSamplerDescriptor
alloc] init];  ㉓
 samplerDescriptor.minFilter = MTLSamplerMinMagFilterNearest;    ㉔
 samplerDescriptor.magFilter = MTLSamplerMinMagFilterLinear;     ㉕
 samplerDescriptor.sAddressMode = MTLSamplerAddressModeRepeat;   ㉖
 samplerDescriptor.tAddressMode = MTLSamplerAddressModeRepeat;   ㉗
 _sampler = [_device newSamplerStateWithDescriptor:samplerDescriptor];  ㉘
}

- (void)drawInMTKView:(nonnull MTKView *)view
{
(中略)
 [renderEncoder setFrontFacingWinding:MTLWindingCounterClockwise];
 [renderEncoder setRenderPipelineState:_pipelineState];
 [renderEncoder setDepthStencilState:_depthState];
 [renderEncoder setFragmentSamplerState:_sampler atIndex:0];  ㉙
```

● プログラム解説

㉑	テクスチャの状態をセットするサンプラー「_sampler」プロパティを宣言。
㉒	モデルを読み込むときにテクスチャを読み込む。
㉓	サンプラー記述を「MTLSamplerDescriptor」クラスのインスタンスを生成して「samplerDescriptor」変数に代入。
㉔	「MTLSamplerDescriptor」クラスの「minFilter」プロパティを「最も近く」にする。
㉕	「MTLSamplerDescriptor」クラスの「magFilter」プロパティを「線形」にする。
㉖	「MTLSamplerDescriptor」クラスの「sAddressMode」プロパティを「繰り返し」にする。
㉗	「MTLSamplerDescriptor」クラスの「tSddressMode」プロパティを「繰り返し」にする。
㉘	「_sampler」プロパティに「samplerDescriptor」変数をセット。

第2章 「RoxigaEngine」の開発

㉙ エンコーダの「setFragmentSamplerState」メソッドで、「サンプラー」を「atIndex」の「0」番から、㉞の「フラグメント・シェーダ」における「sampler」の「0」番に渡す。

■「Shaders.metal」のコーディング

「フラグメント・シェーダ」でUV座標とサンプラーを適用します。

「Shaders.metal」ファイルを開き、以下のようにコーディングしてください。

```
typedef struct
{
 packed_float3 position;
 packed_float3 normal;
 packed_float2 uv;     ㉚
} vertex_t;
struct ColorInOut
{
 float4 position [[position]];
 float2 texCoord;      ㉛
 float3 transformedNormal;
};

vertex ColorInOut vertexShader(device vertex_t* vertex_array [[ buf
fer(0) ]],
constant Uniforms& uniforms [[ buffer(2) ]],
uint vid [[ vertex_id ]])
{
 ColorInOut out;
 float4 position = float4(vertex_array[vid].position, 1.0);
 out.position = uniforms.projectionMatrix * uniforms.modelViewMatr
ix * position;
 out.transformedNormal = matrix_float3x3(uniforms.normalMatrix) * ve
ctor_float3(vertex_array[vid].normal);
 out.texCoord = vertex_array[vid].uv;      ㉜
 return out;
}

fragment float4 fragmentShader(ColorInOut in [[stage_in]],
texture2d<half> texture [[texture(0)]],   ㉝
```

[2-10]「テクスチャ」と「UV座標」「サンプラー」

```
sampler texSampler [[sampler(0)]],    ㉞
const constant float4& diffuse [[buffer(0)]])
{
 float3 lightDirection = normalize(float3(-400,-200,-500));
 float3 normal = normalize(in.transformedNormal);
 float lightWeighting = dot(normal,lightDirection);
 if ( diffuse.x < 0 )    ㉟
 {
  return float4(texture.sample(texSampler, in.texCoord.xy)*lightWeighting);    ㊱
 }
 else    ㊲
 {
  return float4(diffuse*lightWeighting);
 }
}
```

● プログラム解説

㉚	頂点データ「vertex_t」に、①の「UV座標」に当たる「uv」プロパティを宣言。
㉛	頂点シェーダから「フラグメント・シェーダ」に渡す「ColorInOut」構造体に「texCoord」プロパティを宣言。
㉜	「texCoord」プロパティに、頂点配列の「uv」プロパティを代入。
㉝	⑳の「atIndex」の「0」番から渡されたテクスチャを、「texture」の「0」番で受け取る。
㉞	㉙の「atIndex」の「0」番から渡されたサンプラーを、「sampler」の「0」番で受け取る。
㉟	「2-8」の⑧においてテクスチャが存在する場合Red値を「-1」にしたので、もし「diffuse.x」が「0」より小さかった場合。
㊱	サンプラーとUV座標からテクスチャの色を取得。
㊲	もし㉟でなかった場合。

109

第2章　「RoxigaEngine」の開発

■ 実行結果

では「Xcode9」の左上でMacに接続した実機を選択し、「▶」ボタンで「ビルドと実行」をしてください。

すると右図のようにテクスチャの貼られた三角形が回転します。

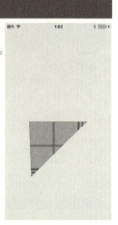

図 2-10-2　回転する三角形

この節のまとめ

・ポリゴンにシールのように貼る「テクスチャ」を読み込んで、「フラグメント・シェーダ」を使って、「サンプラー」と「UV座標データ」を元に、「テクスチャ」の描き方を設定。

2-11　四角形

この節では、三角形2つで四角形を表示します。
また、この節と次の節で「ボーン・アニメーション」ができるように設定します。

■ 頂点配列

今までの節では「_vertices」プロパティのデータを使って、3行で3頂点の三角形を1個描画してきました。

この節では、「_vertices」プロパティに6行の、「3頂点」が「2個」の三角形を2つ使って、四角形を描画します。

[2-11] 四角形

※三角形の数は、メモリの許す限り、何個でも作れます。
※三角形が何千何万と組み合わせれば、どんな形状も作成できます。

■「RoxigaModel.h」のコーディング

モデルを「ボーン・アニメーション」する「プロパティ」や「メソッド」の宣言を追加します。

「RoxigaModel.h」ファイルを開き、以下のようにコーディングしてください。

リスト 2-11-1 RoxigaModel.h

```
@interface RoxigaModel : NSObject
{
@protected
  std::vector<std::vector<float>> _matricies;   ①
  std::vector<id <MTLBuffer>>  _matrixBuffer;   ②
  uint32_t _animationSize;   ③
  float _time;   ④
(中略)
@public
  uint32_t _maxBonesSize;   ⑤
  int _currentAnimation;   ⑥
  bool _isPlaying;   ⑦
  bool _loop;   ⑧
(中略)
- (void)setMatrixAnimation:(id <MTLDevice>)device;   ⑨
- (void)playAnimation:(int)animation loop:(bool)loop;   ⑩
- (void)stopAnimation;   ⑪
@end
```

● プログラム解説

③	1つのアニメーションのコマ数「_animationSize」プロパティを宣言。
④	アニメーションの経過時間「_time」プロパティを宣言。
⑤	1体のモデルの合計ボーン数の「_maxBonesSize」プロパティを宣言。
⑥	現在のアニメーションの「_currentAnimation」プロパティを宣言。
⑦	アニメーションが再生中か「_isPlaying」プロパティを宣言。

第2章　「RoxigaEngine」の開発

⑧	アニメーションをループ再生するか「_loop」プロパティを宣言。
⑨	行列アニメーションをセットする「setMatrixAnimation」メソッドを宣言。
⑩	アニメーション再生を開始する「playAnimation」メソッドを宣言。
⑪	アニメーションを停止する「stopAnimation」メソッドを宣言。

■「RoxigaModel.mm」のコーディング

「ボーン行列」を使って、アニメーションを読み込み、「頂点シェーダ」に渡して、アニメーションを再生したり停止したりできるようにします。

「RoxigaModel.mm」ファイルを開き、以下のようにコーディングしてください。

リスト 2-11-2　RoxigaModel.mm

```
- (instancetype) initWithDevice:(id <MTLDevice>)device
{
(中略)
_time = 0;  ⑫
_currentAnimation = 0;  ⑬
_isPlaying = true;  ⑭
_loop = true;  ⑮

 return self;
}

-(void)setMatrixAnimation:(id <MTLDevice>)device  ⑯
{
 if (_maxBonesSize > 0)  ⑰
 {
  _animationSize = uint32_t(_matricies[0].size()/(_maxBonesSize*16
));  ⑱
 }
 else  ⑲
 {
  _matricies = {{ 1,0,0,0, 0,1,0,0, 0,0,1,0, 0,0,0,1 }};  ⑳
  _animationSize = 0;  ㉑
 }
 for (int i = 0; i < _matricies.size(); ++i )  ㉒
 {
  _matrixBuffer.push_back([device newBufferWithBytes:_matricies[i].
```

112

[2-11] 四角形

```
data() length:uint32_t(_matricies[i].size() * sizeof(float)) options
:MTLResourceOptionCPUCacheModeDefault]);    ㉓
 }
}


-(void)encoder:(id <MTLRenderCommandEncoder>)renderEncoder
{
 if (!_visible) return;
 if (_isPlaying)    ㉔
 {
  _time += 30.0/60.0;    ㉕
 }
 if (_time >= _animationSize)    ㉖
 {
  _time = 0;    ㉗
  if (!_loop) _isPlaying = false;    ㉘
 }
 for ( int i = 0; i < _vertexSize.size(); ++i)
(中略)


- (void)playAnimation:(int)animation loop:(bool)loop    ㉙
{
 _isPlaying = true;    ㉚
 _loop = loop;    ㉛
 if (animation < 0)    ㉜
 {
  _currentAnimation = 0;    ㉝
 }
 else if (animation < _matricies.size())    ㉞
 {
  _currentAnimation = animation;    ㉟
 }
 else    ㊱
 {
  _currentAnimation = 0;    ㊲
 }
 if (_maxBonesSize > 0)    ㊳
 {
  _animationSize = uint32_t(_matricies[_currentAnimation].size()/(_
maxBonesSize*16));    ㊴
 }
 else    ㊵
 {
```

113

第2章 「RoxigaEngine」の開発

```
  _animationSize = 0;    ㊶
 }
 _time = 0;    ㊷
}
-(void)stopAnimation    ㊸
{
 _isPlaying = false;    ㊹
}
```

● プログラム解説

⑫	アニメーション時間を「0」に。
⑬	現在のアニメーションを「0番」に。
⑭	再生中にする。
⑮	ループ再生に。
⑯	行列アニメーションをセットするメソッドの定義。
⑰	もしボーンが存在した場合。
⑱	0番のアニメーションのコマ数を算出。
⑲	もしボーンが存在しない場合。
⑳	「_matricies」に「単位行列」を代入。
㉑	アニメーションのコマ数を「0」に。
㉒	「i」変数が「0」〜「_matriciesの1次元配列数」の間は「for」ループ。
㉓	「行列バッファ」に「アニメーション行列データ」をセット。
㉔	再生中の場合。
㉕	毎フレーム「30.0/60.0」ずつアニメーション時間を加算。 Metalアプリは60fpsだが、「ボーン・アニメーション」は30fpsだから。
㉖	アニメーション時間がアニメーションのコマ数以上になった場合。
㉗	アニメーション時間を「0」に。
㉘	もしループしないなら再生中を否に。
㉙	アニメーション再生開始のメソッドの定義。
㉚	再生中を真に。

[2-11] 四角形

㉛	ループを「loop」引数を代入。
㉜	もしアニメーション引数がマイナスの場合。
㉝	現在のアニメーション番号を「0」に。
㉞	㉜ではなく、さらにアニメーションが行列の1次元配列の数より小さい場合。
㉟	現在のアニメーション番号に「animation」引数を代入。
㊱	㉞でなかった場合。
㊲	現在のアニメーション番号を「0」に。
㊳	ボーンが存在した場合。
㊴	現在のアニメーションのコマ数を算出。
㊵	㊳でなかった場合。
㊶	アニメーションのコマ数を「0」に。
㊷	アニメーション時間を「0」に。
㊸	アニメーションを停止するメソッドの定義。
㊹	アニメーション再生中かを偽に。

■「SampleModel.mm」のコーディング

　三角形を2個の四角形にし、「アニメーション行列」を暫定的にコーディングしています。

　「SampleModel.mm」ファイルを開き、以下のようにコーディングしてください。

リスト 2-11-3　SampleModel.mm

```
- (instancetype) initWithDevice:(id <MTLDevice>)device
{
_maxBonesSize=2;  ㊺
_vertices =
{
  {
    100, 100,0,0,0,1,0,0,
   -100, 100,0,0,0,1,1,0,
    100,-100,0,0,0,1,0,1,
   -100, 100,0,0,0,1,1,0,  ㊻
   -100,-100,0,0,0,1,1,1,  ㊻
```

115

第2章 「RoxigaEngine」の開発

```
     100,-100,0,0,0,1,0,1,   ㊻
  }
 };
 [super setMaterial:@"Burberry.png" r:0.9255 g:0.8353 b:0.6588
a:1.0000];
 _matricies =   ㊼
 {
  {
   1,0,0,0,0,1,0,0,0,0,1,0,0,0,0,1,   ㊼
   1,0,0,0,0,1,0,0,0,0,1,0,0,0,0,1,   ㊼
  },
 };
 return [super initWithDevice: device];
}
```

● プログラム解説

㊺	ボーン数を2個にする。
㊻	もう一個の三角形の3頂点に3行を追加。
㊼	アニメーションの4x4行列の配列「_matricies」プロパティに16個x2ボーンの値を代入。

■「Renderer.mm」のコーディング

モデルを読み込むときの「アニメーション行列」をセットします。
「Renderer.mm」ファイルを開き、以下のようにコーディングしてください。

リスト 2-11-4　Renderer.mm

```
- (RoxigaModel*) loadModel:(id)model
{
 RoxigaModel* instance = [model initWithDevice:_device];
 if(!instance)
 {
  NSLog(@"ERROR: Failed creating a object!");
  assert(0);
 }
 [instance setMatrixAnimation:_device];   ㊽
 (後略)
```

[2-12] ボーン変形

● **プログラム解説**

㊽ モデルのインスタンスにおいて「アニメーション行列」メソッドを呼び出す。

■ 実行結果

では、「Xcode9」の左上でMacに接続した実機を選択し、「▶」ボタンで「ビルドと実行」をしてください。

すると右図のように正方形が回転します。

図 2-11-1　正方形が回転

この節のまとめ

・今までは三角形が1個だったが、「_vertices」配列に3行追加するごとに、三角形がさらに1個追加された。
・「アニメーション行列」の設定をコーディング。実際に「ボーン・アニメーション」するのは次節から。

2-12　ボーン変形

この節では、「ボーン変形」を解説します。

■「ボーン変形」について

「ボーン変形」とは、動物のボーン(骨)が、関節で曲がると、皮膚がそれに合わせて曲がるような変形のことです。

＊

「SampleModel.mm」ファイルにおいて、頂点データ「_vertices」の各行に、9個の「float」型がある9個目の「float」型が、ボーンの番号を表わします。

ボーン行列データ「_matricies」が、16個ずつで一個の「ボーン行列」を表わします。

「_matricies」の「ボーン行列」データは、各ボーンの「中心点」「平行移動」

117

第2章 「RoxigaEngine」の開発

「回転」「スケーリング」を行列計算した結果の「4x4行列データ」になります。

エンコーダを使って「setVertexBuffer」メソッドで「atIndex」引数の「1」番から、「頂点シェーダ」の「buffer」引数の「1」番に「アニメーション行列バッファ」を送ります。

その後、「頂点シェーダ」で「プロジェクション行列」「モデル・ビュー行列」「ボーン行列」「頂点座標」を乗算して、変形後の頂点を求めます。

■「SampleModel.mm」のコーディング

まずは「頂点データ」に「ボーン番号」を追加し、さらに「アニメーション行列」を追加します。

「SampleModel.mm」ファイルを開き、以下のようにコーディングしてください。

リスト 2-12-1　SampleModel.mm

```
_vertices =
{
 {
   100, 100,0,0,0,1,0,0,1,   ①
  -100, 100,0,0,0,1,1,0,0,   ②
   100,-100,0,0,0,1,0,1,0,   ③
  -100, 100,0,0,0,1,1,0,0,   ④
  -100,-100,0,0,0,1,1,1,0,   ⑤
   100,-100,0,0,0,1,0,1,0,   ⑥
 }
};
[super setMaterial:@"Burberry.png" r:0.9255 g:0.8353 b:0.6588
a:1.0000];
_matricies =
{
 {
   1,0,0,0,0,1,0,0,0,0,1,0,0,0,0,1,     ⑦
   1,0,0,0,0,1,0,0,0,0,1,0,0,0,0,1,     ⑧
   1,0,0,0,0,1,0,0,0,0,1,0,0,0,0,1,     ⑨
   1,0,0,0,0,1,0,0,0,0,1,0,10,10,0,1,   ⑩
   1,0,0,0,0,1,0,0,0,0,1,0,0,0,0,1,     ⑪
   1,0,0,0,0,1,0,0,0,0,1,0,20,20,0,1,   ⑫
   1,0,0,0,0,1,0,0,0,0,1,0,0,0,0,1,     ⑬
   1,0,0,0,0,1,0,0,0,0,1,0,30,30,0,1,   ⑭
```

[2-12] ボーン変形

```
  1,0,0,0,0,1,0,0,0,0,1,0,0,0,0,1,        ⑮
  1,0,0,0,0,1,0,0,0,0,1,0,40,40,0,1,      ⑯
 },
};
```

● プログラム解説

①	「(X,Y,Z)=(100,100,0)」「(NX,NY,NZ)=(0,0,1)」「(U,V)=(0,0)」、ボーン番号「1」の9個で、1頂点を表わす。
②	「(X,Y,Z)=(-100,100,0)」「(NX,NY,NZ)=(0,0,1)」「(U,V)=(1,0)」、ボーン番号「0」の9個で、1頂点を表わす。
③	「(X,Y,Z)=(100,-100,0)」「(NX,NY,NZ)=(0,0,1)」「(U,V)=(0,1)」、ボーン番号「0」の9個で、1頂点を表わす。
④	「(X,Y,Z)=(-100,100,0)」「(NX,NY,NZ)=(0,0,1)」「(U,V)=(1,0)」、ボーン番号「0」の9個で1頂点を表わす。
⑤	「(X,Y,Z)=(-100,-100,0)」「(NX,NY,NZ)=(0,0,1)」「(U,V)=(1,1)」、ボーン番号「0」の9個で1頂点を表わす。
⑥	「(X,Y,Z)=(100,-100,0)」「(NX,NY,NZ)=(0,0,1)」「(U,V)=(0,1)」、ボーン番号「0」の9個で1頂点を表わす。
⑦	ボーン「0」番、アニメーション「0」コマ目の4x4行列。
⑧	ボーン「1」番、アニメーション「0」コマ目の4x4行列。
⑨	ボーン「0」番、アニメーション「1」コマ目の4x4行列。
⑩	ボーン「1」番、アニメーション「1」コマ目の4x4行列。
⑪	ボーン「0」番、アニメーション「2」コマ目の4x4行列。
⑫	ボーン「1」番、アニメーション「2」コマ目の4x4行列。
⑬	ボーン「0」番、アニメーション「3」コマ目の4x4行列。
⑭	ボーン「1」番、アニメーション「3」コマ目の4x4行列。
⑮	ボーン「0」番、アニメーション「4」コマ目の4x4行列。
⑯	ボーン「1」番、アニメーション「4」コマ目の4x4行列。

第2章　「RoxigaEngine」の開発

■ 「RoxigaModel.mm」のコーディング

「アニメーション行列バッファ」を「頂点シェーダ」に渡します。

「RoxigaModel.mm」ファイルを開き、以下のようにコーディングしてください。

リスト 2-12-2　RoxigaModel.mm

```
- (instancetype) initWithDevice:(id <MTLDevice>)device
{
 self = [super init];
 for (int i = 0; i < _vertices.size(); ++i )
 {
   _vertexBuffer.push_back([device newBufferWithBytes:_vertices[i].
data() length:uint32_t(_vertices[i].size() * sizeof(float)) options:
MTLResourceOptionCPUCacheModeDefault]);
   _vertexSize.push_back(uint32_t(_vertices[i].size()/9));   ⑰
 }
(中略)
-(void)encoder:(id <MTLRenderCommandEncoder>)renderEncoder
{
(中略)
  [renderEncoder setVertexBuffer:_matrixBuffer[_currentAnimation]
offset:uint32_t(_maxBonesSize * 16 * (int)(_time) * sizeof(float))
atIndex:1];   ⑱
  [renderEncoder drawPrimitives:MTLPrimitiveTypeTriangle vertexSta
rt:0 vertexCount:_vertexSize[i]];
 }
}
```

● プログラム解説

⑰	「_vertices」の配列数を①の9要素で除算して、頂点数を求める。
⑱	エンコーダを使って「atIndex」の「1」番から、㉖の「buffer」の「1」番に「アニメーション行列バッファ」を渡す。

■ Shaders.metal」のコーディング

「頂点シェーダ」を使って「ボーン変形」をします。

「Shaders.metal」ファイルを開き、以下のようにコーディングしてください。

120

[2-12] ボーン変形

リスト 2-12-3　Shaders.metal

```
typedef struct
{
 packed_float3 position;
 packed_float3 normal;
 packed_float2 uv;
 float bone;    ⑲
} vertex_t;
typedef struct    ⑳
{
 float4 bone0;    ㉑
 float4 bone1;    ㉒
 float4 bone2;    ㉓
 float4 bone3;    ㉔
} bones;    ㉕
struct ColorInOut
{
 float4 position [[position]];
 float2 texCoord;
 float3 transformedNormal;
};

vertex ColorInOut vertexShader(device vertex_t* vertex_array [[buff
er(0)]],
device bones* bone_array [[buffer(1)]],    ㉖
constant Uniforms& uniforms [[buffer(2)]],
uint vid [[vertex_id]])
{
 ColorInOut out;
 float4 position = float4(vertex_array[vid].position, 1.0);
 int boneId = int(vertex_array[vid].bone);    ㉗
 if (boneId >= 0)    ㉘
 {
  float4 bone0 = bone_array[boneId].bone0;    ㉙
  float4 bone1 = bone_array[boneId].bone1;    ㉚
  float4 bone2 = bone_array[boneId].bone2;    ㉛
  float4 bone3 = bone_array[boneId].bone3;    ㉜
  float4x4 bone = float4x4(bone0,bone1,bone2,bone3);    ㉝
  out.position = uniforms.projectionMatrix * uniforms.modelViewMatr
ix * bone * position;    ㉞
  float3x3 bone3x3 = float3x3(bone0.xyz,bone1.xyz,bone2.xyz);    ㉟
  out.transformedNormal = matrix_float3x3(uniforms.normalMatrix) *
bone3x3 * vector_float3(vertex_array[vid].normal);    ㊱
 }
```

121

第2章 「RoxigaEngine」の開発

```
  else   ㊲
  {
    out.position = uniforms.projectionMatrix * uniforms.modelViewMatrix * position;
    out.transformedNormal = matrix_float3x3(uniforms.normalMatrix) * vector_float3(vertex_array[vid].normal);
  }
  out.texCoord = vertex_array[vid].uv;
  return out;
}
```

● **プログラム解説**

⑲	9要素目の①のボーン番号を格納。
⑳	構造体を宣言。
㉑	ボーン行列の1行目。
㉒	ボーン行列の2行目。
㉓	ボーン行列の3行目。
㉔	ボーン行列の4行目。
㉕	「bones」構造体を宣言。
㉖	⑱の「setVertexBuffer」メソッドにおける「atIndex」引数の「1」番から送った「アニメーション行列バッファ」を、「頂点シェーダ」における「buffer」引数の「1」番で受け取る。
㉗	ボーン番号を「float」型から「int」型にキャストする。
㉘	もしボーン番号が0以上で、ボーンが存在する場合。
㉙	ボーン行列の1行目。
㉚	ボーン行列の2行目。
㉛	ボーン行列の3行目。
㉜	ボーン行列の4行目。
㉝	ボーン行列を「float4x4」型の1つにする。
㉞	「プロジェクション行列」「モデル・ビュー行列」「ボーン行列」「頂点座標」を乗算して変形後の頂点を求める。
㉟	「4x4行列」から「3x3行列」を取得する。
㊱	「法線行列」「3x3行列」「法線」を乗算して、変形後の「法線ベクトル」を求める。
㊲	㉘でなくボーンが存在しない場合。

[2-13] 画面の操作

■ 実行結果

では「Xcode9」の左上でMacに接続した実機を選択し、「▶」ボタンで「ビルドと実行」をしてください。

すると右図のように正方形の1つの頂点が「ボーン・アニメーション」します。

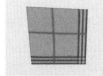

図 2-12-1　正方形の1頂点が「ボーン・アニメーション」

この節のまとめ

・「ボーン・アニメーション行列」データを5コマぶんにし、エンコーダでそれを「頂点シェーダ」渡し、「頂点シェーダ」でボーン変形させた。

2-13　画面の操作

この節では、画面の「タッチ開始」「スワイプ」「タッチ終了」を解説します。

■「画面タッチ開始」「スワイプ」「タッチ終了」について

「GameViewController」クラスにおいて、

```
-(void)touchesBegan:(NSSet<UITouch *> *)touches withEvent:(UIEvent *)event   ①
```

画面タッチされたら、このオーバーライドメソッドが呼ばれます。

```
-(void)touchesMoved:(NSSet<UITouch *> *)touches withEvent:(UIEvent *)event   ③
```

画面をスワイプされたら、このオーバーライドメソッドが呼ばれます。

```
-(void)touchesEnded:(NSSet<UITouch *> *)touches withEvent:(UIEvent *)event   ⑤
```

画面タッチが終了したら、このオーバーライドメソッドが呼ばれます。

第2章 「RoxigaEngine」の開発

《手順》「SampleModel」の削除

[1] 「Xcode9」の左の「Project Navigator」で、「SampleModel.mm」を「右クリック・メニュー」の「Delete」で削除。

[2] 同様に「SampleModel.h」を削除。

《手順》「Hikaru」モデルの作成

[1] 以下のアドレスから「FbxToCSharp」をダウンロード。

・「FbxToCSharp」の公式ページ

http://engine.roxiga.com/fbxtocsharp.html

[2] 「FbxToCSharp」を「アプリケーション」フォルダにコピーし実行。

[3] 「Assets」フォルダの「HikaruRotate.fbx」を読み込む。

[4] 続けて「HikaruWalk.fbx」を読み込む。

[5] 「Objective-C にモデル・アニメ書き出し」で、「Hikaru」と名付けて「RoxigaEngine」フォルダに書き出す。

[6] 「Xcode9」の左の「Project Navigator」で、「Hikaru.mm」「Hikaru.h」を「右クリック・メニュー」の「Add files to "RoxigaEngine"」で追加。

■「GameViewController.mm」のコーディング

「画面のタッチ開始」「スワイプ」「タッチ終了」を取得します。

「GameViewController.mm」ファイルを開き、以下のようにコーディングしてください。

リスト 2-13-1 GameViewController.mm

```
-(void)touchesBegan:(NSSet<UITouch *> *)touches withEvent:(UIEvent
*)event ①
{
 [_renderer touchesBegan:touches withEvent:event view:(MTKView *)
self.view];  ②
}

-(void)touchesMoved:(NSSet<UITouch *> *)touches withEvent:(UIEvent
*)event ③
{
 [_renderer touchesMoved:touches withEvent:event view:(MTKView *)
self.view];  ④
```

[2-13] 画面の操作

```
}

-(void)touchesEnded:(NSSet<UITouch *> *)touches withEvent:(UIEvent
*)event  ⑤
{
 [_renderer touchesEnded:touches withEvent:event view:(MTKView *)
self.view];  ⑥
}

@end
```

● プログラム解説

①	「画面タッチ」が始まったときに呼ばれるメソッド。
②	「RoxigaMain」クラスの「画面タッチ」が始まったときのメソッドを呼ぶ。
③	「画面をスワイプ」したときに呼ばれるメソッド。
④	「RoxigaMain」クラスの「画面をスワイプ」したときのメソッドを呼ぶ。
⑤	「画面タッチ」が終わったときに呼ばれるメソッド。
⑥	「RoxigaMain」クラスの「画面タッチ」が終わったときのメソッドを呼ぶ。

■ 「RoxigaMain.h」のコーディング

「画面のタッチ」「スワイプ」「タッチ終了」のときに呼ばれるメソッドを
記載します。

「RoxigaMain.h」ファイルを開き、以下のようにコーディングしてください。

リスト 2-13-2　RoxigaMain.h

```
@interface RoxigaMain : Renderer
{
}
-(void)touchesBegan:(NSSet<UITouch *> *)touches withEvent:(UIEvent
*)event view:(MTKView *)view;  ⑦
-(void)touchesMoved:(NSSet<UITouch *> *)touches withEvent:(UIEvent
*)event view:(MTKView *)view;  ⑧
-(void)touchesEnded:(NSSet<UITouch *> *)touches withEvent:(UIEvent
*)event view:(MTKView *)view;  ⑨
@end
```

第2章　「RoxigaEngine」の開発

● **プログラム解説**

⑦	画面がタッチされたときに呼ばれるメソッドを宣言。
⑧	画面がスワイプされたときに呼ばれるメソッドを宣言。
⑨	画面のタッチが終わったときに呼ばれるメソッドを宣言。

■「RoxigaMain.mm」のコーディング

　キャラクターが回転しているとき、画面がタッチされたら回転を止めて前進させます。

　「RoxigaMain.mm」ファイルを開き、以下のようにコーディングしてください。

リスト 2-13-3　RoxigaMain.mm

```
#import <Foundation/Foundation.h>
#import "RoxigaMain.h"
#import "RoxigaModel.h"
  #import "SampleModel.h"      削除
#import "Hikaru.h"  ⑩
#import "AAPLTransforms.h"  ⑪
#import <vector>  ⑫

@implementation RoxigaMain
{
@private
 bool _touch;  ⑬
 RoxigaModel* _model;
}

-(nonnull instancetype)initWithMetalKitView:(nonnull MTKView *)
view;
{
 self = [super initWithMetalKitView:view];
 _bgColor = MTLClearColorMake(1.0, 0.8, 0.8, 1.0);

 _touch = false;  ⑭
 _model = [super loadModel:[Hikaru alloc]];  ⑮

 return self;
}
```

126

[2-13] 画面の操作

```objc
- (void)drawInMTKView:(nonnull MTKView *)view
{
  _eye    = {0.0, 200.0, -500.0};
  _center = {0, 100, 0};
  _up     = {0.0, 1.0, 0.0};

  if (_touch)  ⑯
  {
    float radians = AAPL::Math::radians(_model->_rotation.y);  ⑰
    _model->_translation.x += sinf(radians)*2;  ⑱
    _model->_translation.z -= cosf(radians)*2;  ⑲
  }
  else  ⑳
  {
    _model->_rotation.y += 2;  ㉑
    if (_model->_rotation.y >= 360)  ㉒
    {
      _model->_rotation.y -= 360;  ㉓
    }
  }

  [super drawInMTKView:view];
}

-(void)touchesBegan:(NSSet<UITouch *> *)touches withEvent:(UIEvent
*)event view:(MTKView *)view  ㉔
{
  _touch = true;  ㉕
  [_model playAnimation:1 loop:true];  ㉖
}

-(void)touchesMoved:(NSSet<UITouch *> *)touches withEvent:(UIEvent
*)event view:(MTKView *)view  ㉗
{
}

-(void)touchesEnded:(NSSet<UITouch *> *)touches withEvent:(UIEvent
*)event view:(MTKView *)view  ㉘
{
  _touch = false;  ㉙
  [_model playAnimation:0 loop:true];  ㉚
}

@end
```

127

第2章 「RoxigaEngine」の開発

● **プログラム解説**

⑩	「Hikaru」モデルを宣言したファイルをインポート。
⑪	「AAPLTransforms」の名前空間を宣言したファイルをインポート。
⑫	「vector」クラスを宣言したファイルをインポート。
⑬	タッチの真偽のプロパティ。
⑭	タッチがされていないと「_touch」に代入。
⑮	「Hikaru」クラスのモデルを読み込む。
⑯	タッチしている場合。
⑰	キャラクターの回転角度をラジアンに変換。
⑱	Xについてキャラクターの向きに前進。
⑲	Zについてキャラクターの向きに前進。
⑳	もし⑯でない場合。
㉑	回転角度を「2」加算。
㉒	回転角度が360以上になった場合。
㉓	回転角度から360減算。
㉔	画面がタッチされたら呼ばれる。
㉕	タッチされていると「_touch」に代入。
㉖	「1」番のアニメーションを再生。
㉗	スワイプされたときに呼ばれる。
㉘	タッチが終了したときに呼ばれる。
㉙	タッチがされていないと「_touch」に代入。
㉚	「0」番のアニメーションを再生。

■ 「Renderer.mm」のコーディング

ポリゴンの「カリング」(面の表裏)を背面にします。

「Renderer.mm」ファイルを開き、以下のようにコーディングしてください。

リスト 2-13-4　Renderer.mm

```
- (void)drawInMTKView:(nonnull MTKView *)view
{
(中略)
 [renderEncoder setFrontFacingWinding:MTLWindingCounterClockwise];
```

[2-13] 画面の操作

```
[renderEncoder setCullMode:MTLCullModeBack];   ㉛
[renderEncoder setRenderPipelineState:_pipelineState];
```

● **プログラム解説**

| ㉛ | ポリゴンの「カリング」を背面にする。 |

■「Shaders.metal」のコーディング

以下のシェーダの変更はおまけです。

今までの通常のレンダリングと違って、アニメ調のトゥーンレンダリングを実装します。

この変更は好みによって変更してもしなくてもかまいません。

試してみたい方は「Shaders.metal」ファイルを開き、以下のようにコーディングしてください。

リスト 2-13-5　Shaders.metal

```
fragment float4 fragmentShader(ColorInOut in [[stage_in]],
texture2d<half> texture [[texture(0)]],
sampler texSampler [[sampler(0)]],
const constant float4& diffuse [[buffer(0)]])
{
 float3 lightDirection = normalize(float3(-400,-200,-500));
 float3 normal = normalize(in.transformedNormal);
 float lightWeighting = dot(normal,lightDirection);
 if ( lightWeighting < 0.4 )   ㉜
 {
  lightWeighting = 0.2;   ㉝
 }
 else if ( lightWeighting < 0.8 )   ㉞
 {
  lightWeighting = 0.6;   ㉟
 }
 else   ㊱
 {
  lightWeighting = 1;   ㊲
 }
 if ( diffuse.x < 0 )
 {
```

第2章　「RoxigaEngine」の開発

```
    return float4(texture.sample(texSampler, in.texCoord.xy)*lightWei
ghting);
  }
  else
  {
    return float4(diffuse*lightWeighting);
  }
}
```

● **プログラム解説**

㉜	色の明暗が「0.4」より小さい場合。
㉝	色の明暗を「0.2」にする。
㉞	色の明暗が「0.8」より小さい場合。
㉟	色の明暗を「0.6」にする。
㊱	㉞でないとき。
㊲	色の明暗を「1」にする。

■ **実行結果**

では「Xcode9」の左上でMacに接続した実機を選択し、「▶」ボタンで「ビルドと実行」をしてください。

すると右図のようにキャラクターが回転していて、タッチでキャラクターが前進します。

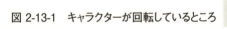

図 2-13-1　キャラクターが回転しているところ

この節のまとめ

・画面タッチとスワイプとタッチの終了を検出した。
・またおまけで、「フラグメント・シェーダ」においてトゥーン・レンダリングも実装した。

3Dアクションゲームの開発

この章では、第2章で作ったMetal 2ライブラリ「RoxigaEngine」を使って、画面の左右をタッチしてジャンプする3Dアクションゲーム「LeapW」を開発していきます。

第3章　3Dアクションゲームの開発

3-1　3Dモデルの追加と表示

　この節では、新しい「LeapW」プロジェクトに「RoxigaEngine」ライブラリを追加します。

　また、青いジャージのキャラクターを「Autodesk FBX」ファイルから変換して、「RoxigaEngine」に読み込んで表示します。

■ 3Dモデル「BlueJersey」の表示の解説

● BlueJerseyクラス

　「BlueJersey」クラスは、「BlueJersey.h」ファイルを開くと、「RoxigaModel」クラスを継承していることが分かります。

```
@interface BlueJersey : RoxigaModel
```

　継承したら、「BlueJersey」クラスは「RoxigaModel」で許可されている「@public」か「@protected」のプロパティ・メソッドを使うことがでます。

> ※「@private」のプロパティは継承できません。

● _blueJersey プロパティ

　「BlueJersey」クラスのインスタンス「_blueJersey」プロパティは、「RoxigaModel.h」にコーディングされている「simd::float3」型の「_translation」プロパティにアクセスできます。

　「simd::float3」型の3つのfloatが「(x,y,z)」を表わしていて、位置座標を設定でき、「_blueJersey」プロパティの3Dモデルが平行移動します。

```
_blueJersey->_translation = {300,0,0};
```

は、青いジャージの平行移動座標が「(X,Y,Z)=(300,0,0)」であることを意味します。

[3-1] 3Dモデルの追加と表示

■ モデルの設定

《手順》「RoxigaEngine」プロジェクトをLeapW」プロジェクトにコピー

[1] 「2-1」を参考に「LeapW」プロジェクトを作る。

[2] 「RoxigaEngine」プロジェクトのファイルを「LeapW」プロジェクトの
ファイルにコピー。

出来上がっているものが、サンプルプログラムの「LeapW00」フォルダ
にあります。

この節ではサンプルの「LeapW00」から付け足してコーディングして
いきます。

《手順》画面の向きを設定

[1] 「Xcode9」の左の「Project Navigator」の「LeapW」プロジェクトを選
択し、「TARGET」→「LeapW」を選択。

[2] 「Deployment Info」→「Device Orientation」の「Landscape Right」を
チェックし、他はチェックを外す。

《手順》「Hikaru」モデルの削除

[1] 「Xcode9」の左の「Project Navigator」にある「Hikaru.mm」「Hikaru.h」
「Burberry.png」を、「右クリック・メニュー」の「Delete」で削除。

《手順》「BlueJersey」モデルの作成

[1] 「2-13」の要領で、「FbxToCSharp」に「BlueJersey.fbx」を読み込んで、
「Objective-Cにモデル・アニメ書き出し」を選択。

[2] 「BlueJersey.mm」「BlueJersey.h」「BlueJersey.png」を「LeapW」フォル
ダにコピーし、「右クリック・メニュー」の「Add files to "LeapW"」で
追加。

■ 「RoxigaMain.h」のコーディング

「RoxigaMain.h」で、「RoxigaMain」クラスが「Renderer」クラスから
継承されたことを宣言します。

また、「メソッド」「プロパティ」もコーディングします。

133

第3章　3Dアクションゲームの開発

「RoxigaMain.h」ファイルを開き、以下のようにコーディングしてください。

リスト 3-1-1　RoxigaMain.h

```
（前略）
@interface RoxigaMain : Renderer
{
@private  ①
 RoxigaModel *_blueJersey;  ②
}
-(void)initData;  ③
（後略）
```

● プログラム解説

①	他のクラスからはアクセスできないプロパティの宣言を開始する。
②	RoxigaModelクラスのインスタンス「_blueJersey」プロパティを宣言。
③	初期化をするメソッドを宣言。

■「RoxigaMain.mm」のコーディング

「RoxigaMain.mm」は3Dコンテンツを作る際のメインになるファイルです。

コード中の「initWithMetalKitView」メソッドが最初に1回だけ呼ばれます。

一方「drawInMTKView」メソッドは、毎フレーム呼ばれます。

「RoxigaMain.mm」ファイルを開き、以下のようにコーディングしてください。

リスト 3-1-2　RoxigaMain.mm

```
#import <Foundation/Foundation.h>
#import "RoxigaMain.h"
#import "RoxigaModel.h"
#import "AAPLTransforms.h"
#import <vector>
 #import "Hikaru.h"  削除
#import "BlueJersey.h"  ④
```

134

[3-1] 3Dモデルの追加と表示

```objc
@implementation RoxigaMain
{                                          削除
  @private                                 削除
  bool _touch;                             削除
  RoxigaModel* _model;                     削除
}                                          削除

-(nonnull instancetype)initWithMetalKitView:(nonnull MTKView *)view;
{
  self = [super initWithMetalKitView:view];
  _bgColor = MTLClearColorMake(0.0, 0.8, 0.0, 1.0);    ⑤

  _blueJersey = [super loadModel:[BlueJersey alloc]];  ⑥
  _eye    = {0.0, 600.0, 500.0};   ⑦
  _center = {0.0, 0.0, -300.0};    ⑧
  _up     = {0.0, 1.0, 0.0};       ⑨

  [self initData];   ⑩

    _touch = false;                              削除
    _model = [super loadModel:[Hikaru alloc]];   削除

  return self;
}

-(void)initData   ⑪
{
  _blueJersey->_translation = {300,0,0};   ⑫
}

- (void)drawInMTKView:(nonnull MTKView *)view
{
    _eye    = {0.0, 200.0, 500.0};   削除
    _center = {0, 100, 0};           削除
    _up     = {0.0, 1.0, 0.0};       削除
    if (_touch)                      削除
    {                                削除
      float radians = AAPL::Math::radians(_model->_rotation.y);   削除
      _model->_translation.x -= sinf(radians)*2;                  削除
      _model->_translation.z += cosf(radians)*2;                  削除
    }                                削除
    else                             削除
    {                                削除
```

第3章　3Dアクションゲームの開発

⤵

```
    _model->_rotation.y += 2;          削除
    if (_model->_rotation.y >= 360)          削除
    {   削除
        _model->_rotation.y -= 360;          削除
    }   削除
}   削除
```

```
{
    _blueJersey->_translation.y -= 5;      ⑬
    if (_blueJersey->_translation.y < 0)      ⑭
    {
        _blueJersey->_translation.y = 0;      ⑮
    }
}
```

```
[super drawInMTKView:view];
}

-(void)touchesBegan:(NSSet<UITouch *> *)touches withEvent:(UIEvent
*)event view:(MTKView *)view
{
    _touch = true;      削除
    [_model playAnimation:1 loop:true];      削除
}

-(void)touchesMoved:(NSSet<UITouch *> *)touches withEvent:(UIEvent
*)event view:(MTKView *)view
{
}

-(void)touchesEnded:(NSSet<UITouch *> *)touches withEvent:(UIEvent
*)event view:(MTKView *)view
{
    _touch = false;      削除
    [_model playAnimation:0 loop:true];      削除
}
```

136

[3-1] 3Dモデルの追加と表示

● **プログラム解説**

④	「BlueJersey」クラスを宣言したヘッダ・ファイルを読み込む。
⑤	背景色を「(Red,Green,Blue,Alpha)=(0.0,0.8,0.0,1.0)」の緑色に設定。
⑥	「RoxigaMain」クラスの親クラス「Renderer」クラスを「super」で呼び出し、その「loadModel」メソッドで「BlueJersey」クラスのインスタンスを生成し「_blueJersey」プロパティに代入。
⑦	「カメラの視点」を「(X,Y,Z)=(0.0,600.0,500,0)」に設定。
⑧	「カメラの注視点」を「(X,Y,Z)=(0.0,0.0,-300,0)」に設定。
⑨	「カメラの上向きベクトル」を「(X,Y,Z)=(0.0,1.0,0,0)」の上向きに設定。
⑩	自分自身のクラス自身である「self」の「initData」メソッドを呼び出す。
⑪	データの初期化のメソッドを宣言。
⑫	「_blueJersey」プロパティの「_translation」の位置座標を「(X,Y,Z)=(300,0,0)」に設定。
⑬	毎フレーム「_blueJersey」のy位置を5ずつ減算。
⑭	もし「_blueJersey」のy位置が「0」より小さくなったらの場合。
⑮	「_blueJersey」のy位置を「0」に。

※⑬〜⑮はジャンプしたときの落下処理で、この段階ではまだ機能しません。

■ **実行結果**

では「Xcode9」の左上でMacに接続した実機を選択し、「▶」ボタンで「ビルドと実行」をしてください。

すると右図のように青いジャージが歩いています。

図 3-1-1　青いジャージが歩いている

第3章　3Dアクションゲームの開発

この節のまとめ

・「RoxigaEngine」ライブラリを独自のプロジェクトに追加。
・青いジャージのキャラを用意して、インスタンスを生成し、位置を移
　動して、カメラアングルを向けて、描画した。

3-2 「フラグメント・シェーダ」の変更

　この節では、2体目のキャラクターを表示し、フラグメント・シェーダ
をシンプルに書き換えます。

■「シェーダの陰影」について

　前章の「RoxigaEngine」では、「三角形ポリゴン」の法線(面に垂直な線
分)の向きから、ライトの向きの角度が離れるほど、暗くグラデーション
したピクセル色にしていました。

　この節ではその計算を省いて、テクスチャに陰影を付けてデザインし
ておくことで、3D計算を単純化して、処理速度を向上させます。

> ※これはプログラムを書く上では楽ですが、デザインが大変になるという欠点
> もあります。

＊

　「シェーダ」の「Shaders.metal」ファイルで、「RoxigaEngine」のフラグ
メント・シェーダのコードを変更します。

■ モデルの設定

《手順》「BlueJersey」モデルの作成

[1]　「2-13」の要領で「FbxToCSharp」に「Jersey.fbx」を読み込んで、「Obje
　　ctive-Cにモデル・アニメ書き出し」を選択。

[2]　「Jersey.mm」「Jersey.h」「Jersey.bmp」を「LeapW」フォルダにコピーし、
　　「右クリック・メニュー」の「Add files to "LeapW"」で追加。

138

[3-2] 「フラグメント・シェーダ」の変更

■ 「RoxigaMain.h」のコーディング

前節に続けて、もう1体「赤いジャージキャラ」を加えて、それを保持するプロパティを追加します。

「RoxigaMain.h」ファイルを開き、以下のようにコーディングしてください。

リスト 3-2-1　RoxigaMain.h

```
@interface RoxigaMain : Renderer
{
@private
 RoxigaModel *_redJersey;  ①
 RoxigaModel *_blueJersey;
}
```

● プログラム解説

①	「RoxigaModel」クラスの「_redJersey」プロパティを宣言。

■ 「RoxigaMain.mm」のコーディング

前節と同様に、キャラクターを反対側に追加します。

今回のキャラクターでは、「Jersey」クラスのインスタンスを「_redJersey」クラスに代入しています。

「RoxigaMain.mm」ファイルを開き、以下のようにコーディングしてください。

リスト 3-2-2　RoxigaMain.mm

```
#import "Jersey.h"  ②
(中略)
-(nonnull instancetype)initWithMetalKitView:(nonnull MTKView *)
view;
{
 self = [super initWithMetalKitView:view];
 _bgColor = MTLClearColorMake(0.0, 0.8, 0.0, 1.0);

 _redJersey = [super loadModel:[Jersey alloc]];  ③
```

139

第3章　3Dアクションゲームの開発

```
(中略)
}


-(void)initData
{
 _redJersey->_translation = {-300,0,0};   ④
 _blueJersey->_translation = {300,0,0};
}


- (void)drawInMTKView:(nonnull MTKView *)view
{
(中略)
 {
  _redJersey->_translation.y -= 5;   ⑤
  if (_redJersey->_translation.y < 0)   ⑥
  {
   _redJersey->_translation.y = 0;   ⑦
  }
 }


 [super drawInMTKView:view];
}
```

● プログラム解説

②	「Jersey」クラスがコーディングされた「ヘッダ・ファイル」を読み込む。
③	「RoxigaMain」クラスの親クラスである「Renderer」クラスを「super」で呼び出す。 そしてその「loadModel」メソッドで、「Jersey」クラスのインスタンスを生成し、「_redJersey」プロパティに代入。
④	「_redJersey」プロパティの「_translation」の位置座標を「(X,Y,Z)=(-300,0,0)」に設定。
⑤	毎フレーム、「_redJersey」のy位置を「5」ずつ減算。
⑥	「_redJersey」のy位置が「0」より小さくなった場合。
⑦	「_redJersey」のy位置を「0」に。

※⑤〜⑦はジャンプしたときの落下処理で、ここではまだ機能していません。

[3-2]「フラグメント・シェーダ」の変更

■「Shaders.metal」のコーディング

前章の「RoxigaEngine」では、ライトが常に当たっているようにして陰影を付けましたが、この「LeapW」では、「陰影処理」を省いて、テクスチャ画像自身に「陰影」も描き込んでいます。

「Shaders.metal」ファイルを開き、以下のようにコーディングしてください。

リスト 3-2-3　Shaders.metal

```
struct ColorInOut
{
 float4 position [[position]];
 float2 texCoord;
   float3 transformedNormal;   削除
};

vertex ColorInOut vertexShader(device vertex_t* vertex_array [[buff
er(0)]],
device bones* bone_array  [[buffer(1)]],
constant Uniforms& uniforms [[buffer(2)]],
uint vid [[vertex_id]])
{
 ColorInOut out;
 float4 position = float4(vertex_array[vid].position, 1.0);
 int boneId = int(vertex_array[vid].bone);
 if (boneId >= 0)
 {
  float4 bone0 = bone_array[boneId].bone0;
  float4 bone1 = bone_array[boneId].bone1;
  float4 bone2 = bone_array[boneId].bone2;
  float4 bone3 = bone_array[boneId].bone3;
  float4x4 bone = float4x4(bone0,bone1,bone2,bone3);
  out.position = uniforms.projectionMatrix * uniforms.modelViewMatr
ix * bone * position;
    float3x3 bone3x3 = float3x3(bone0.xyz,bone1.xyz,bone2.xyz);   削除
    out.transformedNormal = matrix_float3x3(uniforms.normalMatrix)
 * bone3x3 * vector_float3(vertex_array[vid].normal);   削除
 }
 else
 {
  out.position = uniforms.projectionMatrix * uniforms.modelViewMatr
```

第3章　3Dアクションゲームの開発

```
ix * position;
    out.transformedNormal = matrix_float3x3(uniforms.normalMatrix)
* vector_float3(vertex_array[vid].normal);   削除
}
 out.texCoord = vertex_array[vid].uv;
 return out;
}


fragment float4 fragmentShader(ColorInOut in [[stage_in]],
texture2d<half> texture [[texture(0)]],
sampler texSampler [[sampler(0)]],
const constant float4& diffuse [[buffer(0)]])
{
    float3 lightDirection = normalize(float3(-400,-200,-500));   削除
    float3 normal = normalize(in.transformedNormal);   削除
    float lightWeighting = dot(normal,lightDirection);   削除
    if ( lightWeighting < 0.4 )   削除
    {   削除
      lightWeighting = 0.2;   削除
    }   削除
    else if ( lightWeighting < 0.8 )   削除
    {   削除
      lightWeighting = 0.6;   削除
    }   削除
    else   削除
    {   削除
      lightWeighting = 1;   削除
    }   削除
    if ( diffuse.x < 0 )   削除
    {   削除
      return float4(texture.sample(texSampler, in.texCoord.xy)*lightWe
ighting);   削除
    }   削除
    else   削除
    {   削除
      return float4(diffuse*lightWeighting);   削除
    }   削除
```

```
    return float4(texture.sample(texSampler, in.texCoord.xy));   ⑧
}
```

[3-2]「フラグメント・シェーダ」の変更

● **プログラム解説**

⑧ テクスチャの「UV座標」にテクスチャを描画しただけのピクセル色を「return」で返す。

■ **実行結果**

では「Xcode9」の左上でMacに接続した実機を選択し、「▶」ボタンで「ビルドと実行」をしてください。

すると下図のように赤と青のジャージのキャラクターが歩いています。

図 3-2-1　赤と青のキャラクターが歩く

この節のまとめ

- 「FbxToCSharp」アプリで変換した「赤いジャージ」のキャラクターを右に平行移動して表示した。
- 描画の際に「シェーダ」で、陰影を考慮せず、テクスチャだけでピクセル色を表示するようにシンプルにした。

第3章　3Dアクションゲームの開発

3-3　vector配列

この節では、木の道を表示させてスクロールさせます。
またその木の道は、「vector」配列を使って20個作ります。

■ 「STL」を「vector」で配列

「STL」(Standard Template Library、スタンダード・テンプレート・
ライブラリ)は、プログラミング言語「C++」の規格で定義された標準ライ
ブラリの1つです。

ヘッダ・ファイル「<vector>」を「#import」したら「std::vector」が使え
るようになります。

＊

また「.m」ファイルを「.mm」ファイルに拡張子を変更して「C++」で書
かれた「vector」が使えるようにします。

```
std::vector<(データ型やクラス)> array;
```
と宣言します。
「array」は配列名です。

```
array.push_back(型やクラスのインスタンス);
```
で配列の最後に値やクラスのインスタンスを追加できます。

```
i = array[0];
```
で「i」に配列の0インデックスの値を代入できます。

```
array[1] = 10;
```
などで配列の1インデックスに10を代入します。

144

[3-3] vector配列

■ モデルの作成
《手順》「Wood」モデルの作成

[1]「2-13」の要領で、「FbxToCSharp」に「Wood.fbx」を読み込んで、「Objective-Cに書き出し」を選択。

[2]「Wood.mm」「Wood.h」「Wood.png」を「LeapW」フォルダにコピーし、「右クリック・メニュー」の「Add files to "LeapW"」で追加。

■「RoxigaMain.h」のコーディング

「vector」配列で複数の木の道の配列を保持します。

「_time」プロパティで時間を管理します。

「RoxigaMain.h」ファイルを開き、以下のようにコーディングしてください。

リスト 3-3-1　RoxigaMain.h

```
@interface RoxigaMain : Renderer
{
@private
 RoxigaModel *_redJersey;
 RoxigaModel *_blueJersey;
 std::vector<RoxigaModel*> _leftWood;   ①
 float _time;   ②
}
```

● プログラム解説

①	画面左の木の道の3Dモデルを、「vector」配列を使って「RoxigaModel*」クラスの「_leftWood」配列で宣言。
②	時間を計算する「_time」プロパティを宣言。

■「RoxigaMain.mm」のコーディング

木の道を「Wood」クラスのインスタンスから生成し、スクロールするように移動させます。

「RoxigaMain.mm」ファイルを開き、以下のようにコーディングしてください。

145

第3章 3Dアクションゲームの開発

リスト 3-3-2　RoxigaMain.mm

```
（前略）
#import "Wood.h"    ③
（中略）
-(nonnull instancetype)initWithMetalKitView:(nonnull MTKView *)
view;
{
（中略）
 int i;    ④
 for ( i = 0; i < 20; ++i )    ⑤
 {
  _leftWood.push_back([super loadModel:[Wood alloc]]);    ⑥
  _leftWood.back()->_translation.x = 300;    ⑦
  _leftWood.back()->_translation.z = 200-200*i;    ⑧
 }
 [self initData];
 return self;
}


-(void)initData
{
_time = 0;    ⑨
_redJersey->_translation = {-300,0,0};
_blueJersey->_translation = {300,0,0};
 for ( int i = 0; i < 20; ++i )    ⑩
 {
  _leftWood[i]->_visible = true;    ⑪
 }
}

- (void)drawInMTKView:(nonnull MTKView *)view
{
 int i;    ⑫
 int time = 10 - (int)(_time/1800);    ⑬
 if ( time < 2 ) time = 2;    ⑭
 float speed = 4+_time/1200;    ⑮
 _time++;    ⑯
 for ( i = 0; i < 20; ++i )    ⑰
 {
  _leftWood[i]->_translation.z += speed;    ⑱
  if (_leftWood[i]->_translation.z < -100)    ⑲
  {
  }
```

[3-3] vector配列

```
 else if (_leftWood[i]->_translation.z < 400)   ⑳
 {
  _leftWood[i]->_translation.y -= 4;   ㉑
 }
 else   ㉒
 {
  _leftWood[i]->_translation.y = 0;   ㉓
  _leftWood[i]->_translation.z -= 20*200;   ㉔
  if (random() % time)   ㉕
  {
   _leftWood[i]->_visible = true;   ㉖
  }
  else   ㉗
  {
   _leftWood[i]->_visible = false;   ㉘
  }
 }
}
```

(後略)

● プログラム解説

③	木の3Dモデル「Wood」クラスのヘッダ・ファイル。
④	整数値「int」型の「i」変数。
⑤	「for」文で「i」変数が0以上20未満までループ。
⑥	「_leftWood」配列に「Wood」クラスのインスタンスを「push_back」で追加。
⑦	「_leftWood」配列の最後の要素「back()」のx位置を「300」に。
⑧	「_leftWood」配列の最後の要素「back()」のz位置を「200-200*i」に。
⑨	時間の「_time」プロパティを「0」に。
⑩	「for」文で「i」変数が0以上20未満までループ。
⑪	「_leftWood」配列の「i」インデックスにおける「_visible」プロパティ（可視を示す）を可である「true」に。
⑫	整数値「int」型の「i」変数。
⑬	整数値「int」型の「time」変数に、「_time」プロパティを「1800」で除算し、整数にキャストした値を代入。
⑭	「time」変数が「2」より小さくなったら「time」変数に「2」を代入。

147

第3章 3Dアクションゲームの開発

⑮	小数値「float」型の「speed」変数に、「_time」プロパティを「1200」で除算し、「4」を加算した値を代入。
⑯	「_time」プロパティに毎フレーム「1」ずつ加算。
⑰	「for」文で「i」変数が「0以上20未満」までループ。
⑱	「_leftWood」配列の「i」インデックスにおける「z位置」に「speed」変数を加算。
⑲	「_leftWood」配列の「i」インデックスにおける「z位置」が-「100」より小さかった場合。
⑳	⑲ではなく、「_leftWood」配列の「i」インデックスにおける「z位置」が「400」より小さかった場合。
㉑	「_leftWood」配列の「i」インデックスにおける「y位置」を「4」だけ減算。
㉒	⑳でなかった場合。
㉓	「_leftWood」配列の「i」インデックスにおける「y位置」に「0」を代入。
㉔	「_leftWood」配列の「i」インデックスにおける「z位置」から「20*200」を減算。
㉕	ランダムな値を「time」変数で除算した余りが「0」でなかった場合。
㉖	「_leftWood」配列の「i」インデックスにおける「_visible」プロパティを可の「true」に。
㉗	㉕でなかった場合。
㉘	「_leftWood」配列の「i」インデックスにおける「_visible」プロパティを不可の「false」に。

■ 実行結果

　では「Xcode9」の左上でMacに接続した実機を選択し、「▶」ボタンで「ビルドと実行」をしてください。

　すると下図のように赤と青のキャラと木の床が現われます。

[3-4]「木の道」をスクロール

図 3-3-1　赤と青のキャラと床が表示

この節のまとめ

・前節までの赤いキャラと青いキャラに加えて、木の道を表示し、「speed」変数の速度でスクロールさせた。
・「STL」の「vector」で、配列を扱いやすくした。

3-4 「木の道」をスクロール

この節では、もう1方の「木の道」を作ってスクロールさせます。
前節と同じ要領です。

■「木の道」をスクロール

現実の世界では「木の道」は動かず、「キャラクター」と「カメラ」が動くのが普通です。

ですが、この「LeapW」ゲームでは、キャラクターとカメラの位置は動かず、「木の道」のほうが動くようにして、スクロールしているように見せています。

> ※このゲームでは、「木の道」を動かすほうがシンプルに実装できるからそうしましたが、他のゲームではどちらにするかは、場合によって分けたほうがいいでしょう。

149

第3章　3Dアクションゲームの開発

　また、単に木がスクロールするだけでは味気ないので、木がキャラクターの位置より後ろに来たら、徐々に下に落ちる演出をしています。

■ 「RoxigaMain.h」のコーディング

　画面右側の木の道の「_rightWood」配列を宣言します。
　「RoxigaMain.h」ファイルを開き、以下のようにコーディングしてください。

リスト 3-4-1　RoxigaMain.h

```
@interface RoxigaMain : Renderer
{
@private
 RoxigaModel *_redJersey;
 RoxigaModel *_blueJersey;
 std::vector<RoxigaModel*> _leftWood;
 std::vector<RoxigaModel*> _rightWood;   ①
 float _time;
}
```

● プログラム解説

①	「vector」ライブラリで「RoxigaModel*」クラスの「_rightWood」配列を宣言。

■ 「RoxigaMain.mm」のコーディング

　前節同様に画面右側の「木の道」も表示して、スクロールさせます。
　「RoxigaMain.mm」ファイルを開き、以下のようにコーディングしてください。

リスト 3-4-2　RoxigaMain.mm

```
-(nonnull instancetype)initWithMetalKitView:(nonnull MTKView *)view;
{
 int i;
(中略)
 for ( i = 0; i < 20; ++i )   ②
 {
  _rightWood.push_back([super loadModel:[Wood alloc]]);   ③
  _rightWood.back()->_translation.x = -300;   ④
```

150

[3-4] 「木の道」をスクロール

```
    _rightWood.back()->_translation.z = 200-200*i;  ⑤
  }
  [self initData];
  return self;
}

-(void)initData
{
(中略)
  for ( int i = 0; i < 20; ++i )
  {
  _rightWood[i]->_visible = true;  ⑥
  _leftWood[i]->_visible = true;
  }
}

- (void)drawInMTKView:(nonnull MTKView *)view
{
(中略)
  for ( i = 0; i < 20; ++i )
  {
  _rightWood[i]->_translation.z += speed;  ⑦
  if (_rightWood[i]->_translation.z < -100)  ⑧
  {
  }
  else if (_rightWood[i]->_translation.z < 400)  ⑨
  {
  _rightWood[i]->_translation.y -= 4;  ⑩
  }
  else  ⑪
  {
  _rightWood[i]->_translation.y = 0;  ⑫
  _rightWood[i]->_translation.z -= 20*200;  ⑬
  if (random() % time)  ⑭
  {
  _rightWood[i]->_visible = true;  ⑮
  }
  else  ⑯
  {
  _rightWood[i]->_visible = false;  ⑰
  }
  }
(後略)
```

151

第3章　3Dアクションゲームの開発

● **プログラム解説**

②	「for」文で「i」変数が「0以上20未満」までループ。
③	「_rightWood」配列に「Wood」クラスのインスタンスを「push_back」で追加。
④	「_rightWood」配列の最後の要素「back()」の「x位置」を「300」に。
⑤	「_rightWood」配列の最後の要素「back()」の「z位置」を「200-200*i」に。
⑥	「_rightWood」配列の「i」インデックスにおける「_visible」プロパティを可の「true」に。
⑦	「_rightWood」配列の「i」インデックスにおける「z位置」に「speed」変数を加算。
⑧	「_rightWood」配列の「i」インデックスにおける「z位置」が「100」より小さかった場合。
⑨	⑧ではなく、「_rightWood」配列の「i」インデックスにおける「z位置」が「400」より小さかった場合。
⑩	「_rightWood」配列の「i」インデックスにおける「y位置」を「4」だけ減算。
⑪	⑨でなかった場合。
⑫	「_rightWood」配列の「i」インデックスのにおける「y位置」に「0」を代入。
⑬	「_rightWood」配列の「i」インデックスにおける「z位置」から「20*200」を減算。
⑭	ランダムな値を「time」変数で除算した余りが「0」でなかった場合。
⑮	「_rightWood」配列の「i」インデックスにおける「_visible」プロパティを可の「true」に。
⑯	⑭でなかった場合。
⑰	「_rightWood」配列の「i」インデックスにおける「_visible」プロパティを不可の「false」に。

152

[3-4]「木の道」をスクロール

■ 実行結果

では「Xcode9」の左上でMacに接続した実機を選択し、「▶」ボタンで「ビルドと実行」をしてください。

すると下図のように、赤と青のキャラとその下に木の道ができ、スクロールします。

図 3-4-1　木の道を赤と青のキャラが歩く

この節のまとめ

・ここまででゲームの中心となる、「赤いキャラ」と「青いキャラ」が「左右の木の道を歩く」処理ができた。
・普通は「木の道」を固定して「キャラ」と「カメラ」が動くところ、実装しやすさから逆にしている。

第3章　3Dアクションゲームの開発

3-5　「マルチタッチ」の処理

この節では、キャラクターの「ジャンプ」を実装します。
また複数のタッチを可能にする「マルチタッチ」の設定をします。

■「マルチタッチ」の設定

初期状態では、マルチタッチが設定されていないため、「touchesBegan（タッチの開始）」「touchesMoved(タッチしてスワイプ)」「touchesEnded(タッチの終了)」が、一本指のタッチしか検出できません。

そこで「ビューコントローラー」の「viewDidLoad」メソッドで、「self.view.multipleTouchEnabled = YES;」をコーディングすれば、「マルチタッチ」が設定されて、「touchesBegan」「touchesMoved」「touchesEnded」が、同時に複数の指でタッチしても、検出できるようになります。

この「LeapW」では、左右のキャラクターが1体だけジャンプするのではなく、片方がジャンプしている間も、もう片方もジャンプすることがあるので、「マルチタッチ」が必要です。

■「GameViewController.mm」のコーディング

「マルチタッチ」の設定をします。
「GameViewController.mm」ファイルを開き、以下のようにコーディングしてください。

リスト 3-5-1　GameViewController.mm

```
- (void)viewDidLoad
{
 [super viewDidLoad];
 self.view.multipleTouchEnabled = YES;   ①
(後略)
```

[3-5]「マルチタッチ」の処理

● プログラム解説

①	「view.multipleTouchEnabled」プロパティをYESに。

■「RoxigaMain.h」のコーディング

画面の左が押されているか、それとも画面右が押されているかのフラグを立てます。

「RoxigaMain.h」ファイルを開き、以下のようにコーディングしてください。

リスト 3-5-2　RoxigaMain.h

```
@interface RoxigaMain : Renderer
{
@private
 RoxigaModel *_redJersey;
 RoxigaModel *_blueJersey;
 std::vector<RoxigaModel*> _leftWood;
 std::vector<RoxigaModel*> _rightWood;
 bool _left;   ②
 bool _right;  ③
 float _time;
}
```

● プログラム解説

②	画面左が押されているかを保持する「bool」型の「_left」プロパティを宣言。
③	画面右が押されているかを保持する「bool」型の「_right」プロパティを宣言。

■「RoxigaMain.mm」のコーディング

画面の左が押されたら、「_left」を「true」にして、左のキャラクターをジャンプします。

画面の右が押されたら、「_right」を「true」にして、右のキャラクターをジャンプします。

「RoxigaMain.mm」ファイルを開き、以下のようにコーディングしてください。

155

第3章　3Dアクションゲームの開発

リスト 3-5-3　RoxigaMain.mm

```
- (void)drawInMTKView:(nonnull MTKView *)view
{
(中略)
 if (_left)  ④
 {
  _blueJersey->_translation.y += 5;  ⑤
  if (_blueJersey->_translation.y > 400)  ⑥
  {
   _left = false;  ⑦
  }
 }
 else  ⑧
 {
  _blueJersey->_translation.y -= 5;
  if (_blueJersey->_translation.y < 0)
  {
   _blueJersey->_translation.y = 0;
  }
 }
 if (_right)  ⑨
 {
  _redJersey->_translation.y += 5;  ⑩
  if (_redJersey->_translation.y > 400)  ⑪
  {
   _right = false;  ⑫
  }
 }
 else  ⑬
 {
  _redJersey->_translation.y -= 5;
  if (_redJersey->_translation.y < 0)
  {
   _redJersey->_translation.y = 0;
  }
 }

 [super drawInMTKView:view];
}

-(void)touchesBegan:(NSSet<UITouch *> *)touches withEvent:(UIEvent
*)event view:(MTKView *)view
{
```

156

[3-5]「マルチタッチ」の処理

```
UITouch *touch = [touches anyObject];    ⑭
CGPoint location = [touch locationInView:view];    ⑮
CGRect rect = [[UIScreen mainScreen] bounds];    ⑯
if (location.x < rect.size.width/2)    ⑰
{
 if (_blueJersey->_translation.y <= 0)    ⑱
 {
  _left = true;    ⑲
 }
}
else    ⑳
{
 if (_redJersey->_translation.y <= 0)    ㉑
 {
  _right = true;    ㉒
 }
}
}

-(void)touchesMoved:(NSSet<UITouch *> *)touches withEvent:(UIEvent
*)event view:(MTKView *)view
{
}

-(void)touchesEnded:(NSSet<UITouch *> *)touches withEvent:(UIEvent
*)event view:(MTKView *)view
{
UITouch *touch = [touches anyObject];    ㉓
CGPoint location = [touch locationInView:view];    ㉔
CGRect rect = [[UIScreen mainScreen] bounds];    ㉕
if (location.x < rect.size.width/2)    ㉖
{
 _left = false;    ㉗
}
else    ㉘
{
 _right = false;    ㉙
}
}
```

157

第3章　3Dアクションゲームの開発

● **プログラム解説**

④	「_left」プロパティが「true」の場合。
⑤	青いジャージキャラの「y位置」を「5」ずつ加算。
⑥	青いジャージキャラの「y位置」が「400」を超えた場合。
⑦	「_left」プロパティをfalseに。つまりジャンプの天辺にきたので、上昇を やめて下降に。
⑧	④じゃない場合。
⑨	「_right」プロパティが「true」の場合。
⑩	赤いジャージキャラの「y位置」を「5」ずつ加算。
⑪	赤いジャージキャラの「y位置」が「400」を超えた場合。
⑫	「_right」プロパティを「false」に。つまりジャンプの天辺にきたので上昇 をやめ下降に。
⑬	もし⑨じゃない場合。
⑭	画面タッチが始まったとき、タッチ情報を「touch*」変数に取得。
⑮	ビュー内のタッチした地点の座標を「location」変数に取得。
⑯	スクリーンの画面サイズの範囲を「rect」変数に取得。
⑰	もしタッチの「x座標」が画面の幅の半分より小さい場合。つまり「画面 左側」。
⑱	もし青いジャージキャラの「y位置」が「0」以下で木の道を歩いている場合。
⑲	「_left」プロパティを「true」に。
⑳	⑰じゃない場合。つまり「画面右側」。
㉑	もし赤いジャージキャラの「y位置」が「0」以下で木の道を歩いている場合。
㉒	「_right」プロパティを「true」に。
㉓	画面タッチが終わったとき、タッチ情報を「touch*」変数に取得。
㉔	ビュー内のタッチが終わった地点の座標を「location」変数に取得。
㉕	スクリーンの画面サイズの範囲を「rect」変数に取得。
㉖	もしタッチの「x座標」が画面の幅の半分より小さい場合。つまり「画面 左側」。
㉗	「_left」プロパティを「false」に。

158

[3-5]「マルチタッチ」の処理

㉘	㉖じゃない場合。つまり「画面右側」。
㉙	「_right」プロパティを「false」に。

■ 実行結果

では「Xcode9」の左上でMacに接続した実機を選択し、「▶」ボタンで「ビルドと実行」をしてください。

すると下図のように、赤と青のキャラを画面の左か右でタッチし続けたらジャンプできるようになります。

図 3-5-1　画面タッチで赤と青のキャラがジャンプ

この節のまとめ

・左右のキャラクターを画面タッチでジャンプさせた。
・そのままでは1つのタッチしか検出できないので、マルチタッチを設定した。この「LeapW」では2体ともジャンプすることもあるため。

第3章　3Dアクションゲームの開発

3-6　「花」の表示とスクロール

この節では、背景として100個の「花」を表示してスクロールさせます。

■「ボーン・アニメーション」しない静止モデル

この節の「花」モデルや「木の道」のモデルは、「ボーン・アニメーション」しない「静止モデル」です。

静止モデルの作り方は、「FbxToCSharp」アプリで読み込んだ「Autodesk FBX」ファイルを「Objective-C」に書き出せばいいだけです。

このモデルの「bone」の番号は、「-1」の「指定無し」なので、「ボーン変形行列」はモデルの頂点に乗算しないように、シェーダで場合分けしています。

> ※余談ですが、「Autodesk FBX」ファイルを操作するライブラリ「FBX SDK」は「右手座標系」ですが、「Metal/Metal 2」は左手座標系であるため、「FbxToCSharp」では「Z座標」をプラスとマイナス逆にしています。

また、「ボーン・アニメーション」を書き出す際には、ボーン行列にスケール行列で「(X,Y,Z)=(0,0,-1)」を乗算していボーン変形を逆にしています。

■ モデルの作成

《手順》「Flower」モデルの作成

[1]　「2-13」の要領で、「FbxToCSharp」に「Flower.fbx」を読み込み、「Objective-Cに書き出し」を選択。

[2]　「Flower.mm」「Flower.h」「Flower.png」を「LeapW」フォルダにコピーし、「右クリック・メニュー」の「Add files to "LeapW"」で追加。

■「RoxigaMain.h」のコーディング

花のモデルを「vector」配列で宣言します。

「RoxigaMain.h」ファイルを開き、以下のようにコーディングしてください。

160

[3-6]「花」の表示とスクロール

リスト 3-6-1　RoxigaMain.h

```
@interface RoxigaMain : Renderer
{
@private
  std::vector<RoxigaModel*> _flower;   ①
(後略)
```

● プログラム解説

①	「vector」配列を使って「RoxigaModel*」クラスで、花のモデルの「_flower」配列を宣言。

■「RoxigaMain.mm」のコーディング

　花のモデルのインスタンスを「左」「右」「中央」に合計100個作成し、スクロールさせます。

　「RoxigaMain.mm」ファイルを開き、以下のようにコーディングしてください。

リスト 3-6-2　RoxigaMain.mm

```
(前略)
#import "Flower.h"   ②

@implementation RoxigaMain

-(nonnull instancetype)initWithMetalKitView:(nonnull MTKView *)view;
{
  self = [super initWithMetalKitView:view];
  _bgColor = MTLClearColorMake(0.0, 0.8, 0.0, 1.0);

  _redJersey = [super loadModel:[Jersey alloc]];
  _blueJersey = [super loadModel:[BlueJersey alloc]];
  int i;
  for ( i = 0; i < 40; ++i )   ③
  {
    _flower.push_back([super loadModel:[Flower alloc]]);   ④
    _flower.back()->_translation.x = (random()%600)+600;   ⑤
    _flower.back()->_translation.z = 200-100*i;   ⑥
    _flower.back()->_rotation.y = 180;   ⑦
```

161

第3章　3Dアクションゲームの開発

```
}
for ( i = 0; i < 40; ++i )   ⑧
{
 _flower.push_back([super loadModel:[Flower alloc]]);   ⑨
 _flower.back()->_translation.x = -(random()%600)-600;   ⑩
 _flower.back()->_translation.z = 200-100*i;   ⑪
 _flower.back()->_rotation.y = 180;   ⑫
}
for ( i = 0; i < 20; ++i )   ⑬
{
 _flower.push_back([super loadModel:[Flower alloc]]);   ⑭
 _flower.back()->_translation.x = 120-(random()%240);   ⑮
 _flower.back()->_translation.z = 200-200*i;   ⑯
 _flower.back()->_rotation.y = 180;   ⑰
}
(中略)
- (void)drawInMTKView:(nonnull MTKView *)view
{
(中略)
for ( i = 0; i < 100; ++i )   ⑱
{
 _flower[i]->_translation.z += speed;   ⑲
 if (_flower[i]->_translation.z > 400)   ⑳
 {
  _flower[i]->_translation.z -= 40*100;   ㉑
 }
}
(後略)
```

● プログラム解説

②	花のモデルの「Flwoer」クラスのヘッダ・ファイルを読み込む。
③	「for」文で「i」変数を「0以上40未満」まで、ループ処理。
④	花のモデル「Flower」クラスのインスタンスを「_flower」配列の最後に追加。
⑤	「_flower」配列の最後の要素の「x位置」に、ランダムな値を「600」で除算した余りに「600」を加算して代入。
⑥	「_flower」配列の最後の要素の「z位置」に、「200-100*i」を代入。
⑦	「_flower」配列の最後の要素の「y軸回転」に、「180度」を代入。
⑧	「for」文で「i」変数を「0以上40未満」まで、ループ処理。

162

[3-6]「花」の表示とスクロール

⑨	花のモデル「Flower」クラスのインスタンスを「_flower」配列の最後に追加。
⑩	「_flower」配列の最後の要素の「x位置」に、ランダムな値を「600」で除算した余りのマイナスに「600」を減算して代入。
⑪	「_flower」配列の最後の要素の「z位置」に、「200-100*i」を代入。
⑫	「_flower」配列の最後の要素の「y軸回転」に「180度」を代入。
⑬	「for」文で「i」変数を「0以上20未満」まで、ループ処理。
⑭	花のモデル「Flower」クラスのインスタンスを「_flower」配列の最後に追加。
⑮	「_flower」配列の最後の要素の「x位置」に、ランダムな値を「240」で除算した余りを「120」から減算して代入。
⑯	「_flower」配列の最後の要素の「z位置」に、「200-100*i」を代入。
⑰	「_flower」配列の最後の要素の「y軸回転」に、「180度」を代入。
⑱	「for」文で「i」変数を「0以上100未満」まで、ループ処理。
⑲	「_flower」配列の「i」インデックスの「z位置」を「speed」変数の値だけ加算。
⑳	「_flower」配列の「i」インデックスの「z位置」が「400」より超えた場合。
㉑	「_flower」配列の「i」インデックスの「z位置」を「40*100」だけ減算。

■ 実行結果

では「Xcode9」の左上でMacに接続した実機を選択し、「▶」ボタンで「ビルドと実行」をしてください。

すると下図のように、「赤と青のキャラクター」と「木の道」「花」がスクロールします。

図 3-6-1
「赤と青のキャラクター」と
「木の道」「花」がスクロール

163

第3章　3Dアクションゲームの開発

この節のまとめ

・ゲームらしく見栄えを良くするために、「花」のモデルを100個追加しスクロールさせた。
・花のモデルは「静止モデル」なので、「ボーン変形行列」をシェーダで使わないように、場合分けした。

3-7　「ゲームオーバー」の実装

　この節では、キャラクターが木の道の穴から落ちて「ゲームオーバー」になったときの処理をします。

■「ゲームオーバー」して再スタート時には「データを初期化」

　ジャンプせずに歩いているキャラクターの足元にある「木」が「可視」の状態なら、道があってキャラクターは落下しません。

　逆に、足元にある木が「不可視」なら、道に「穴」があって木の道から落下し、キャラクターの「y位置」が「-600」より下になると、「ゲームオーバー」です。

　そのとき、ゲームを再スタートするには、データをゲーム開始時と同じ値になるように「initData」メソッドを呼び出して「初期化」する必要があります。

　※この章のサンプルでは、キャラクターの「y」座標を調べて、「歩いているか」「ジャンプしているか」「木の穴から落下しているか」を判断しています。

　しかし、本当は、キャラクターなどゲームの状態を表わす「_gameState」プロパティを、「switch」文で「タイトル画面」「メイン画面」「ジャンプ中」「ゲームオーバー」などと場合分けしたほうが、後々コードが増えても判別しやすいでしょう。

[3-7] 「ゲームオーバー」の実装

■「RoxigaMain.h」のコーディング

左右のキャラが、「木の道」から落下しているかを調べるフラグを立てます。

また、ゲームオーバーかどうかを取得するメソッドを宣言します。

「RoxigaMain.h」ファイルを開き、以下のようにコーディングしてください。

リスト 3-7-1　RoxigaMain.h

```
@interface RoxigaMain : Renderer
{
@private
(中略)
 bool _leftFall;   ①
 bool _rightFall;   ②
}

-(bool)isGameOver;   ③
(後略)
```

● プログラム解説

①	左のキャラが木の道から落下中かのフラグである「_leftFall」プロパティ。
②	右のキャラが木の道から落下中かのフラグである「_rightFall」プロパティ。
③	「ゲームオーバー」を調べる「isGameOver」メソッド。

■「RoxigaMain.mm」のコーディング

左右のキャラクターが「木の道」の穴に落ちたら、落下してゲームオーバーになり、再スタートします。

「RoxigaMain.mm」ファイルを開き、以下のようにコーディングしてください。

165

第3章　3Dアクションゲームの開発

リスト 3-7-2　RoxigaMain.mm

```
-(void)initData
{
 _leftFall = false;    ④
 _rightFall = false;   ⑤
(中略)
}


- (void)drawInMTKView:(nonnull MTKView *)view
{
(中略)
 for ( i = 0; i < 20; ++i )
 {
  _rightWood[i]->_translation.z += speed;
  if (_rightWood[i]->_translation.z < -100)
  {
  }
  else if (_rightWood[i]->_translation.z < 100)   ⑥
  {
   if (!_rightWood[i]->_visible && _redJersey->_translation.y <= 0)   ⑦
   {
    _rightFall = true;   ⑧
   }
  }
  else if (_rightWood[i]->_translation.z < 400)
  {
   _rightWood[i]->_translation.y -= 4;
  }
  else
  {
   _rightWood[i]->_translation.y = 0;
   _rightWood[i]->_translation.z -= 20*200;
   if (random() % time)
   {
    _rightWood[i]->_visible = true;
   }
   else
   {
    _rightWood[i]->_visible = false;
   }
  }
  _leftWood[i]->_translation.z += speed;
  if (_leftWood[i]->_translation.z < -100)
```

166

[3-7]「ゲームオーバー」の実装

```
  {
  }
  else if (_leftWood[i]->_translation.z < 100)      ⑨
  {
    if (!_leftWood[i]->_visible && _blueJersey->_translation.y <= 0)   ⑩
    {
      _leftFall = true;    ⑪
    }
  }
  else if (_leftWood[i]->_translation.z < 400)
  {
    _leftWood[i]->_translation.y -= 4;
  }
  else
  {
    _leftWood[i]->_translation.y = 0;
    _leftWood[i]->_translation.z -= 40*100;
    if (random() % time)
    {
      _leftWood[i]->_visible = true;
    }
    else
    {
      _leftWood[i]->_visible = false;
    }
  }
}
for ( i = 0; i < 100; ++i )
{
  _flower[i]->_translation.z += speed;
  if (_flower[i]->_translation.z > 400)
  {
    _flower[i]->_translation.z -= 40*100;
  }
}
if (_leftFall)    ⑫
{
  _blueJersey->_translation.y -= 5;    ⑬
  _blueJersey->_translation.z += speed;    ⑭
}
else if (_left)    ⑮
{
  _blueJersey->_translation.y += 5;
```

167

第3章　3Dアクションゲームの開発

```objc
    if (_blueJersey->_translation.y > 400)
    {
     _left = false;
    }
   }
   else
   {
    _blueJersey->_translation.y -= 5;
    if (_blueJersey->_translation.y < 0)
    {
     _blueJersey->_translation.y = 0;
    }
   }
   if (_rightFall)                              ⑯
   {
    _redJersey->_translation.y -= 5;           ⑰
    _redJersey->_translation.z += speed;       ⑱
   }
   else if (_right)                            ⑲
   {
    _redJersey->_translation.y += 5;
    if (_redJersey->_translation.y > 400)
    {
     _right = false;
    }
   }
   else
   {
    _redJersey->_translation.y -= 5;
    if (_redJersey->_translation.y < 0)
    {
     _redJersey->_translation.y = 0;
    }
   }
   if ([self isGameOver])                       ⑳
   {
    [self initData];                            ㉑
   }

   [super drawInMTKView:view];
}

-(bool)isGameOver                               ㉒
```

168

[3-7] 「ゲームオーバー」の実装

```
{
 if ( _blueJersey->_translation.y < -600 || _redJersey->_translati
on.y < -600 )  ㉓
 {
  return true;  ㉔
 }
 return false;  ㉕
}
```
（後略）

● プログラム解説

④	左のキャラクターが「木の道」から落下中ではないことを示すために、「_leftFall」プロパティに「false」を代入。
⑤	右のキャラクターが木の道から落下中ではないことを示すために、「_rightFall」プロパティに「false」を代入。
⑥	「_rightWood」の「i」インデックスの「z位置」が「100」より小さい場合。
⑦	「_rightWood」の「i」インデックスの「_visible」が可視で、かつ「_redJersey」の「y位置」が「0以下」（木の道を歩いている）の場合。
⑧	右のキャラクターが「木の道」から落下中であることを示すために、「_rightFall」プロパティに「true」を代入。
⑨	「_leftWood」の「i」インデックスの「z位置」が「100」より小さい場合。
⑩	「_leftWood」の「i」インデックスの「_visible」が可視で、かつ「_blueJersey」の「y位置」が「0以下」（木の道を歩いている）の場合。
⑪	左のキャラクターが「木の道」から落下中であることを示すために、「_leftFall」プロパティに「true」を代入。
⑫	「_leftFall」が「true」で、「左のキャラクター」が落下中の場合。
⑬	「_blueJersey」の「y位置」を「5」ずつ減算。
⑭	「_blueJersey」の「z位置」を「speed」変数ずつ加算。
⑮	⑫ではなくて、かつ「_left」プロパティが「true」の場合。
⑯	「_rightFall」が「true」で、「右のキャラクター」が落下中の場合。
⑰	「_redJersey」の「y位置」を「5」ずつ減算。
⑱	「_redJersey」の「z位置」を「speed」変数ずつ加算。

第3章　3Dアクションゲームの開発

⑲	⑯ではなくて、かつ「_right」が「true」の場合。
⑳	同じクラス内の「self」で「ゲームオーバー」かを取得。
㉑	同じクラス内の「self」の「initData」メソッドを呼び出す。
㉒	「ゲームオーバー」か調べる「isGameOver」メソッド。
㉓	「_blueJersey」の「y位置」が「-600」より小さいか、または「_redJersey」の「y位置」が「600」より小さい場合。
㉔	「ゲームオーバー」である「true」を返す。
㉕	「ゲームオーバー」ではない「false」を返す。

■ 実行結果

　では「Xcode9」の左上でMacに接続した実機を選択し、「▶」ボタンで「ビルドと実行」をしてください。

　すると下図のように、「赤と青のキャラ」が「木の道の穴」にはまったら、落ちるようになりました。

図 3-7-1
赤と青のキャラが木の道の穴にはまったら落下

この節のまとめ

・キャラクターが木の道を歩いているとき、穴から落下していないかを調べて、落下したらゲームオーバーにした。
・ゲームオーバー後、ゲームを再スタートするには各データを初期化する。

＊

　以上で、この章は終わりです。
　「RoxigaEngine」を使ったゲームの作り方の参考にしてください。

附録 ARライブラリ「RoxigaEngine for AR」

最後に、附録として「Metal 2」で静止オブジェクトや「ボーン・アニメーション」するキャラクターを表示できるARライブラリ「RoxigaEngine for AR」を改造します。

附録A ARアプリの開発

この節では、「RoxigaEngine for AR」ライブラリを使って、カメラに映った実写画像の中でタッチした場所に3Dモデルを配置する「AR」アプリを作成します。

3Dモデルは「FbxToCSharp」アプリを使って「Autodesk FBX」ファイルを「mm」「h」ファイルに変換して表示します。

■「ARKit」の動作環境

「RoxigaEngine for AR」は、「ARKit」を使って作ります。

「ARKit」の動作環境は、iPhone6s以降と初代iPadPro以降で動作できます。

■ インスタンスの作成と初期化

クラスからインスタンスを生成して使えるようにするには、インスタンスの作成とその次に初期化が必要です。

クラスからインスタンスの生成には、ルートの「NSObject」クラスの「alloc」メソッドを使います。

```
RoxigaModel *model = [TeruKun alloc];
```

初期化には「init」などを使うのですが、このクラスでは「initWithDevi

171

附録　ARライブラリ「RoxigaEngine for AR」

ce」メソッドを使います。

```
model = [model initWithDevice:_device];
```

■「RoxigaEngine for AR」のファイル構成

「RoxigaEngine for AR」のファイル構成は以下の通りです。

AppDelegate.m AppDelegate.h	アプリ全体のライフタイム・イベントを管理するためのクラスが書かれている。
Renderer.mm Renderer.h	「Metal」と「AR」のメイン処理を行なう。
RoxigaModel.mm RoxigaModel.h	「Metal」のモデルを「シェーダ」に表示したり「ボーン・アニメーション」させる。
Shaders.metal	「シェーダ」が書かれている。
ShaderTypes.h	「シェーダ」で使われる構造体が書かれている。
SunVisor.mm SunVisor.h Check.bmp Jeans.bmp	3D モデルのデータファイル。 「RoxigaModel」クラスを継承したクラス。
ViewController.mm ViewController.h	「Main.storyboard」のビューとつなぐコントローラが書かれている。

■「SunVisor」モデルの削除

　「Xcode9」の左の「Project Navigator」で、「SunVisor.mm」「SunVisor.h」「Check.bmp」「Jeans.bmp」をそれぞれ「右クリック・メニュー」の「Delete」で削除します。

■ モデルの作成

《手順》「TeruKun」モデルの作成

[1]「2-13」の要領で、「FbxToCSharp」に「TeruKun.fbx」を読み込み、「Objective-Cにモデル・アニメ書き出し」を選択。

[2]「TeruKun.mm」「TeruKun.h」を「RoxigaEngineAR」フォルダにコピーし、「右クリック・メニュー」の「Add files to "RoxigaEngineAR"」で追加。

[附録A] ARアプリの開発

■「Renderer.mm」のコーディング

「RoxigaEngine」では「RoxigaMain.mm」ファイルで3Dモデルを読み込んでいましたが、この「RoxigaEngine for AR」では「Renderer.mm」ファイルで3Dモデルを読み込みます。

「Renderer.mm」ファイルを開き、以下のようにコーディングしてください。

リスト 附A-1　Renderer.mm

```
#import <simd/simd.h>
#import <MetalKit/MetalKit.h>
#import <vector>
#import "Renderer.h"
#import "RoxigaModel.h"
#import "ShaderTypes.h"
#import "SunVisor.h"    削除
#import "TeruKun.h"   ①
(中略)
- (void)_loadAssets {
_model = [[TeruKun alloc] initWithDevice:_device];   ②
 if(!_model)
 {
  NSLog(@"ERROR: Failed creating a object!");
  assert(0);
 }
 [_model setTexture:_device];
 [_model setColor:_device];
 [_model setMatrixAnimation:_device];
}
```

● プログラム解説

①	3Dモデルのヘッダ・ファイルを読み込み。
②	3D「ボーン・アニメーション」するモデルの「TeruKun」クラスのインスタンスを生成し、初期化を呼び出して、「_model」プロパティに格納。

173

附録　ARライブラリ「RoxigaEngine for AR」

■ 実行結果

では「Xcode9」の左上でMacに接続した実機を選択し、「▶」ボタンでビルドと実行をしてください。

すると下図のように画面をタップした地点に「ネクタイのキャラクター」が現われます。

図 附A-1　画面をタップした地点にキャラクター出現

「RoxigaEngine for AR」を改造して、さまざまな「AR」アプリを開発してみてください。

ここでのまとめ

・「RoxigaEngine for AR」を使って、「Autodesk FBX」ファイルを変換した「mm」「h」ファイルの読み込み方を解説した。
・「AR」アプリは、カメラに映った実写の世界にあたかも3Dモデルが存在しているかのように見せる技術。

　　　　　　　　　　　　＊

これで本書の内容はおしまいです。
ぜひ「Metal 2」を使って、面白いアプリを作ってください。

索　引

五十音順

あ行
あ	アニメーション	18
い	色バッファ	90
	色マテリアル	17
	インスタンスの作成	171
え	エンコーダ	52
お	オーバーヘッド	9

か行
か	回転行列	80
	拡張現実	10
	カメラ	75
	画面タッチ開始	123
	画面向きを設定	25
き	キーフレーム・アニメーション	18
け	ゲームオーバー	164

さ行
さ	材質	17
	最適化	9
	三角形プリミティブ	41
	サンプラー	102
し	シェーダ	23,52
	シェーダの陰影	138
	事前コンパイル	9
	初期化	164
す	スクロール	149
	スケーリング行列	81
	ステート	9
	ステンシル	41
	スワイプ	123
せ	静止モデル	160
	正射影行列	21
	セマフォ	33

た
た	タッチ終了	123
ち	頂点シェーダ	23,31
	頂点配列	110
て	テクスチャ	17,102

	デプス	41
と	透視射影行列	21

は行
ひ	左手座標系	22
	ビュー行列	21
ふ	フラグメント・シェーダ	31,90
	プリレンダリング	19
	フルスクリーンを設定	25
	プロジェクション行列	21
	プロジェクトの作成	24
へ	平行移動行列	63
ほ	法線	96
	法線行列	96
	ボーン・アニメーション	18
	ボーン変形	117

ま行
ま	マテリアル	17
	マルチタッチ	154
み	右手座標系	22
も	モデリング	17
	モデル行列	21

ら行
り	リアルタイム・レンダリング	20
	リジッドボディ・アニメーション	18
れ	レンダリング	19,23

アルファベット順

A
A7	9
AR	10
ARKit	10,171
ARアプリ	171

B
Blender	16
BlueJersey	132

C
Core ML	11

D
Depth	41

F
FbxToCSharp	15
Frameworkの追加	25

I
iOS	8
iPad	8
iPhone	8

L
LightWave	15

M
macOS High Sierra	9
Metal	9
Metal 2	10
MetalKit	10,24

O
Objective-C	13
OpenGL	9

R
RoxigaEngine	14
RoxigaEngine for AR	14,71

S
shader	23
Stencil	41
STL	144
Swift	13

U
Uniformsバッファ	62
UV座標	102

V
vector	144
VRKit	11

X
Xcode	13

数字
32bit	8
64bit	8

■著者略歴

大西　武（おおにし・たけし）

1975 年香川県生まれ。
大阪大学経済学部中退。
主に 3D のゲームやツールを開発するクリエイター。
マイクロソフトの「Windows Vista ソフトウェアコンテスト」での大賞や、NTT ドコモ「MEDIAS W アプリ開発コンテスト」でグランプリをとるなど、コンテストに 20 回以上入賞。
自作の「ゲーム」「ツール」「CG 作品」などが、「テレビ」「雑誌」「パッケージ製品」などに 300 回以上採用。

[主な著書]

Xamarin ではじめるスマホアプリ開発
速習 Flash 3D
速習 JavaScript
ゲーム SNS の作り方
Flash10 3D ゲーム制作　　ほか　　　　　（以上、工学社）
OpenGL ES を使った
　　　 Android 2D/3D ゲームプログラミング　（秀和システム）
3D IQ 間違い探し　　　　　　　　　　　　（主婦の友社）

質問に関して

本書の内容に関するご質問は、

①返信用の切手を同封した手紙
②往復はがき
③ FAX(03)5269-6031
　（ ご自宅の FAX 番号を明記してください）
④ E-mail　editors@kohgakusha.co.jp

のいずれかで、工学社編集部宛にお願いします。電話によるお問い合わせはご遠慮ください。

●サポートページは下記にあります。
【工学社サイト】http://www.kohgakusha.co.jp/

I/O BOOKS

Metal 2 ではじめる 3D-CG ゲームプログラミング

平成 29 年 11 月 25 日　初版発行　ⓒ 2017

著　者	大西　武	
発行人	星　正明	
発行所	株式会社工学社	
	〒 160-0004	
	東京都新宿区四谷 4-28-20 2F	
電話	(03)5269-2041(代) ［営業］	
	(03)5269-6041(代) ［編集］	
振替口座	00150-6-22510	

※定価はカバーに表示してあります。

[印刷] 図書印刷 (株)

ISBN978-4-7775-2036-7